好玩的多人体育游戏100例

激发儿童运动潜能

适合 3~6 岁 儿童开展

姜天赐 / 编

人民邮电出版社

北京

图书在版编目（CIP）数据

好玩的多人体育游戏100例：激发儿童运动潜能／
姜天赐编． -- 北京 ：人民邮电出版社，2023.5
ISBN 978-7-115-58252-2

Ⅰ．①好… Ⅱ．①姜… Ⅲ．①体育游戏 Ⅳ．
①G898

中国版本图书馆CIP数据核字（2021）第260786号

免 责 声 明

内 容 提 要

本书详细介绍了100例适合3～6岁儿童开展的多人体育游戏，适合幼儿园老师带领班里的孩子一起进行。同时，家长也可以根据书中的步骤和要求，与孩子一起进行游戏。

全书采用儿童喜爱的卡通插画的形式，从多人体育游戏的训练能力、游戏规则、要点提示等方面进行讲解；大部分游戏还提供了变化形式，丰富了游戏的内容。此外，本书还提供了游戏前的十余种热身动作，可以帮助儿童更有针对性地激活身体，避免受伤。

希望本书能够帮助幼儿园老师、儿童体能训练师和家长们带领孩子更有乐趣地开展体育游戏，从而提高儿童的身体素质、团队合作能力及沟通表达能力。

◆ 编　　　　姜天赐
责任编辑　林振英
责任印制　彭志环
◆ 人民邮电出版社出版发行　　北京市丰台区成寿寺路11号
邮编 100164　电子邮件 315@ptpress.com.cn
网址 https://www.ptpress.com.cn
北京盛通印刷股份有限公司印刷
◆ 开本：700×1000　1/16
印张：8.25　　　　　　　2023年5月第1版
字数：161千字　　　　　2023年5月北京第1次印刷

定价：49.80元
读者服务热线：(010)81055296　印装质量热线：(010)81055316
反盗版热线：(010)81055315
广告经营许可证：京东市监广登字20170147号

编者简介

姜天赐，中国儿童中心教育活动部副部长，主要从事主题教育活动的策划与实施，以及大众体能训练活动组织方法的研究和倡导；策划并组织了中国儿童中心"六一"游园、"阳光体育之星"等大型主题活动；策划并组织"童心抗疫 守望相伴"特别行动、"携手过六一 有鄂也有你"等大型线上活动；长期从事儿童兴趣培养与体能、健康方面的应用性研究；主持《体育活动与儿童健康体质的探讨》《浅析体育展演活动的策划与实施》等课题；参与《游泳》《健美操》等儿童体育活动指导丛书的编写；译作有《儿童青少年团队建设活动指南——通过体能挑战提升团队凝聚力（第2版）》。

前言 ★★★★★★★★★★★★★★★★★★★★★★★★★

写给老师与家长的话

　　有研究表明，孩子从小进行体育锻炼，身体会更加健康。体育锻炼不仅可以增强孩子的身体素质，还可以培养孩子独立思考的习惯，提升孩子的思考能力和情绪管理能力。

　　在孩子比较小的时候，比起枯燥的训练，我们更应该开展一些可以起到锻炼作用的趣味游戏。在开展游戏的过程中，我们不难发现，多人游戏比单人游戏更能引起孩子们的兴趣。需要多人参与的集体游戏，不仅可以让孩子们认识到团队合作、相互配合的重要性，而且对培养他们的沟通和表达能力有很大帮助。此外，通过分组比赛的方式，可以增强游戏的趣味性，让孩子们树立起良好的

竞争意识，激发他们的潜能，通过良性竞争共同进步。

本书主要介绍多人趣味体育游戏，这些游戏通常需要3个及以上的孩子共同完成，比较适合幼儿园老师带领班里的孩子一起做。在游戏过程中，老师要格外注意孩子们的人身安全，也要防止孩子之间发生冲突，努力让孩子们树立积极、正确的竞争意识和集体观念。

虽然本书介绍的游戏更适合在幼儿园由老师带领孩子们完成，但是在条件允许的情况下，家长们也可以参与到游戏中。根据书中的步骤和要求，家长与孩子一起进行游戏，这样不仅可以增强孩子各方面的能力，还能增进亲子关系，促进家庭和谐。

目 录 ★★★★★★★★★★★★★★★★★★★

资源与支持

配套服务

扫描右侧二维码添加企业微信:

1. 即刻注册并领取小棋围棋AI课,包括12节围棋AI课、12集动画教学、经典习题训练和AI对弈实战。

2. 加入交流群。

3. 不定期获取更多图书、课程、讲座等知识服务产品信息,以及参与直播互动、在线答疑和与专业导师直接对话的机会。

第1章

开展儿童体育游戏前的准备

在开展体育游戏前，老师和家长要从孩子的身体和心理两方面入手进行准备。在游戏过程中，老师和家长不但要注意孩子的安全，而且要注意培养孩子的自信心和顽强的意志。

要点提示

安全第一

孩子适当进行多人趣味游戏可以强身健体，增强免疫力。但老师和家长务必要在游戏过程中注意"安全第一"，让孩子树立安全意识，注意自我防护。由于年龄的原因，孩子的身体机能没有发育完全，支撑能力、身体核心力量、平衡性等较差，这在一定程度上限制了其发挥运动能力。所以游戏应在确保孩子安全的情况下进行，老师和家长应选取与孩子自身水平相符的游戏，切忌强行运动和过度运动。

循序渐进

俗话说："冰冻三尺，非一日之寒。"运动亦是如此。运动需要长期坚持，应该有计划、有步骤地进行，不宜过度追求运动量，日积月累才能达到良好的锻炼效果。开始游戏时，老师和家长应注意控制运动量，待孩子适应后再逐步增加。如果孩子运动时轻微出汗，运动后身体更加放松，睡眠质量提高，说明此时的运动量较为适宜，可以保持下去。同时，运动强度也应该遵循由弱到强、循序渐进的原则。

营养与睡眠

充足的营养摄入是维持机体正常运转的基本条件，对参加多人趣味游戏的孩子来说更是如此。孩子的饮食要注重营养搭配，不要暴饮暴食。老师和家长应根据孩子的身体条件和运动强度合理安排其饮食；此外，应保证孩子有充足的睡眠时间，以保持良好的精神状态。

热身的意义

活动前热身能够使孩子有针对性地活动身体关节，避免孩子在活动中受伤。在游戏开始前，老师和家长要先给孩子讲清游戏规则，让孩子充分理解游戏内容，并且要提醒孩子注意安全。

做好身体准备，预防运动损伤

孩子的身体从静息状态到运动状态需要一个唤醒的过程，如果游戏前不做热身活动，突然进行大量的运动，非常容易造成孩子受伤。运动前适当进行热身活动，可以提高孩子身体的血液循环速度，使体温升高，进而降低肌肉和韧带的黏滞性，增加关节活动范围，从而有效预防运动损伤的发生。

调整心理状态，快速激发游戏主动性

热身活动可以使孩子做好运动的心理准备、调整心理状态，使其高效、专注地完成接下来的游戏；同时也可以充分调动孩子主动参与游戏的积极性。

全方位激活身体，提升锻炼效果

热身活动可以有效调动神经系统，同时促进氧气和营养物质的运输，保证能量代谢满足运动需求，为身体多个系统的协作创造条件，从而获得良好的锻炼效果。

注意事项

提前示范动作，并且及时调整强度

在开始游戏前，老师和家长要先做示范，强调动作要领；在游戏过程中及时纠正孩子的动作，以免孩子扭伤或摔倒；也可以一同参与游戏，让孩子观察自己的动作；在进行游戏时，要根据孩子的身体条件和游戏的完成情况，及时控制游戏节奏、调整游戏难度。

在游戏时要保持良好的精神、身体状态

所有游戏至少在饭后半小时再开始，以防孩子身体产生不适。游戏时，孩子应配合身体运动的节奏自然呼吸，保持呼吸与动作频率的统一，不要憋气，也尽量不要急促地呼吸。

时刻保护孩子，防止受伤

孩子在进行旋转、跳跃等比较危险的动作时，老师和家长应该在一旁保护孩子，以免他们发生磕碰。如果孩子感到头晕眼花、头脑昏沉，或有其他任何不适，老师和家长应该立即停止游戏，让孩子休息一会儿，并随时观察他们的身体状况并采取应对措施。

注意场地的安全性和布置的合理性

游戏场地要选择周围没有杂物的较大空地，老师和家长要随时注意周边的情况。孩子进行四肢爬行或者在平衡木上行走时，老师和家长可以提前在地上铺上瑜伽垫，以防孩子磕伤。此外，还要注意控制好孩子之间的安全距离，以免其受伤（本书后文以幼儿园为场景进行讲解）。

第 2 章

热身动作

有效的热身动作可以让孩子的身体逐步进入运动状态。而在热身不足的情况下进行运动，很容易使孩子出现运动损伤。因此，老师要让孩子从小养成运动前热身的好习惯。

长高踮脚走

两臂自然前后摆动，
保持身体平衡

背部保持挺直

游戏规则

孩子 踮起脚尖，前脚掌着地，在空地上向前正常行走，手臂随着步伐前后摆动，脚后跟全程都不能接触地面。游戏过程中要充分保持身体平衡，如果中途脚跟接触地面，则游戏重新开始。

要点提示

01 孩子在踮脚行走时，保持踝关节绷直，小腿发力，核心收紧，才能更好地保持平衡。

02 刚开始时，踮脚行走的速度不宜太快，老师应该根据孩子的实际情况，让孩子行走的速度由慢至快。

03 孩子踮脚行走时，两臂前后摆动的动作要自然，以帮助保持身体平衡。

04 刚进行此运动时，不要过分踮脚，防止崴脚。

游戏变化

老师可以让孩子先保持踮脚姿势站立一段时间，再开始练习踮脚走。在孩子熟练掌握踮脚走后，老师可以设置S形的路线或者让孩子折返走；也可以让孩子在踮脚走的过程中弯腰捡起地上的物品，从而增加游戏的变化性和娱乐性。

节律踏步

平衡　　走跑

背部保持挺直

大腿自然抬起

两臂自然前后摆动，
保持身体平衡

要点提示

01 两腿不断交替上抬，两臂自然前后摆动，帮助身体保持平衡。

02 抬腿的速度不要过快。老师可以跟着孩子一起原地踏步，帮助孩子找到合适的节奏。

03 加快速度后注意孩子的背部仍需挺直，不要弓腰进行运动。

游戏规则

孩子 站在平地上，一侧大腿自然抬起做踏步动作，让一只脚完全离开地面，然后两腿不断交替抬起，两臂也要随着踏步的节奏交替前后摆动。游戏过程中，身体保持直立，眼睛看向正前方，保证踏步完成之后还站在同一位置。

游戏变化

在孩子熟练掌握踏步的节奏后，老师可以适当增加运动量，例如加快原地踏步的速度、增加原地踏步的时间、增加抬腿的高度等。

转圈跳

训练能力

平衡　　跳跃

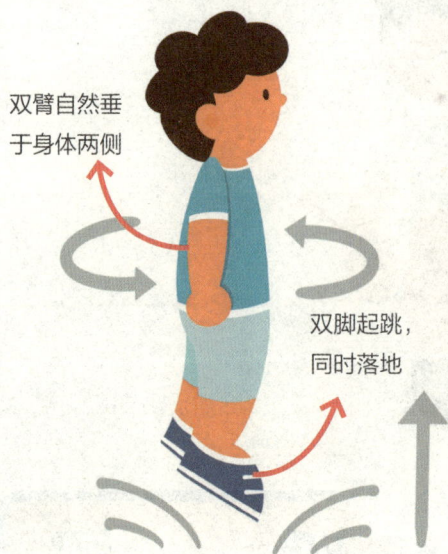

双臂自然垂于身体两侧

双脚起跳，同时落地

游戏规则

老师 老师可以与孩子一起做这个游戏，看谁先转满1圈；也可以从同方向起跳，只转体一次，看看落地后谁旋转的角度更大。

孩子 向上起跳，双脚同时离地，在跳起的同时旋转身体，落地后立即起跳，连续重复这个动作。

要点提示

01 起跳时膝盖微屈，双脚起跳，身体在空中旋转，双脚同时落地，努力保持身体平衡。老师要注意在旁边保护好孩子，同时给予适当的鼓励。

02 在原地转圈跳时，身体要保持直立，双臂无须紧贴于身体两侧，身体也不要过于紧绷，否则会导致动作不协调。

03 开始时跳跃和旋转的节奏不要太快，掌握动作后再适当加快跳跃速度和增加旋转幅度，以免摔倒。

04 起跳高度应循序渐进，防止因为动作不熟练而摔倒或崴脚。

游戏变化

在孩子掌握节奏并且可以熟练完成动作后，老师可以适当让孩子加快跳跃的速度、增加跳跃的高度等。孩子在原地转圈跳时，还可以加上双手击掌的动作，以训练平衡性。

站立摸脚尖

训练能力

柔韧

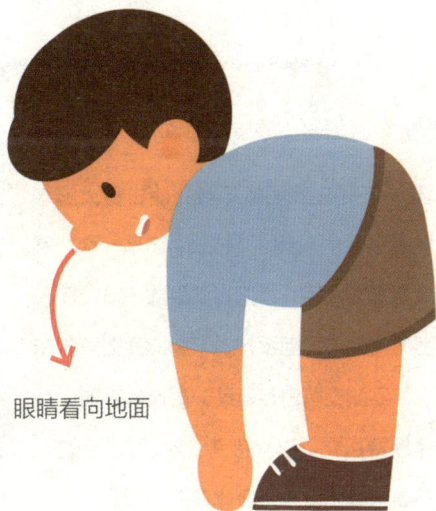

眼睛看向地面

重心放在脚上

游戏规则

孩子　两脚自然开立，双腿保持伸直，两脚不要离开地面，将身体重心放在脚尖和脚跟之间，上半身尽量缓慢向下弯曲，努力用手去摸脚尖。注意双膝不要弯曲。在游戏过程中，头部向下看向地面，不要抬头，按次数完成向下俯身摸脚尖的动作。

要点提示

01 刚开始时，孩子身体的柔韧性可能比较差，两脚可以适当分开得大一些，尽量去触摸脚尖。

02 膝关节保持紧绷，重心放在脚上。保持低头，以防身体不稳定导致摔伤。

03 老师要提醒孩子将身体的重心一直放在脚上，身体尽量不要晃动。

04 弯腰过程不要过快，防止肌肉拉伤。起身时也应缓慢，防止头晕摔倒。

游戏变化

在孩子可以顺利摸到脚尖后，老师可以让孩子慢慢并拢双脚，以加强拉伸感；还可以让孩子将上半身进一步向腿部靠拢，以加大训练强度，但速度不要过快。

下蹲击掌

训练能力

平衡　协调

直背挺胸

游 戏 规 则

孩子　先左腿屈膝下蹲，使右腿大腿与地面平行，下蹲的同时双手击掌一次；然后恢复成站姿，换成右腿屈膝下蹲，使左腿的大腿与地面平行，下蹲的同时双手击掌。双腿交替进行运动。屈膝拍手时，身体保持直立，挺胸抬头，双眼注视前方，不要含胸驼背或者身体向前倾斜。

要点提示

游戏变化

在孩子熟练掌握节奏后，老师可以让孩子加快屈膝拍手的速度；也可以让孩子在起身时增加跳起击掌的动作，以训练孩子腿部肌肉的力量，增强他们的灵敏性。

01 为熟悉动作，老师可以根据孩子的情况让其进行分步骤练习，先练习屈膝下蹲，再配合进行击掌。

02 支撑腿的大腿应保持水平，与小腿保持垂直，不要过度下蹲，以防膝盖受伤。

03 孩子的屈膝腿会触碰地面，老师可以提前铺上瑜伽垫，以免孩子磕伤。

04 让孩子跟着老师的节奏进行运动，不要过快，以安全为主。

屈肘画圈

训练能力

灵活

背部保持挺直

双脚自然开立

游 戏 规 则

孩子 站在平地上，双脚自然开立，背部保持挺直，双手虚握，手臂弯曲，让大拇指轻点在自己同侧的肩膀上。然后，双臂向前做画圈的动作，完成一定次数后，再向后做画圈的动作。该游戏可以在睡前开展，能够放松身体，同时增强肩部的灵活性。

要点提示

01 做这个动作时，幅度不要过大，也不宜过小，使肩部有拉伸感即可。不要过分用力，以免受伤。

02 背部挺直，面朝前方，不要含胸驼背或脖子前伸，不要耸肩，身体重心应保持稳定。

游戏变化

在孩子熟练掌握动作后，老师可以适当增加腿部的动作，例如让孩子在转肩的同时原地踏步，以训练孩子的平衡性和稳定性。

踮脚转圈

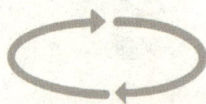

训练能力

平衡

重心保持在脚尖上

游戏规则

孩子 站在平地上，前脚掌着地，抬起脚跟，保持双腿伸直，把身体重心放在脚尖上。双脚脚尖同时向左、向右旋转，带动身体一起旋转，眼睛始终注视前方。双手可以略微向两侧或向上伸，以保持身体平衡。

游戏变化

孩子可以顺利旋转后，老师可以让孩子试着在旋转要结束时，脚尖发力跳跃一次。此动作难度较大，要在有人保护的情况下进行。

要点提示

01 刚开始时，可以让孩子全脚掌着地在原地练习旋转，以体验旋转的感觉。

02 重心放在脚尖上，脚跟不要着地，双腿绷紧，膝盖不要弯曲，挺胸抬头，帮助保持身体重心稳定。

03 脚跟不宜过分离地，防止孩子脚部力量不够而崴脚。

燕式平衡

挺胸抬头，背部挺直

腿尽量上抬

双臂自然打开

要点提示

01 刚开始练习时，可以让孩子慢慢向后稍微抬起一条腿，将重心放在另一条腿上，等能保持平衡后再慢慢抬高腿。

02 刚开始进行时，支撑腿可以微屈，但要保持背部挺直，不要含胸驼背。

03 眼睛注视前方，头部保持向前，这样可以更好地保持平衡。

游戏规则

孩子 站在平地上，单腿支撑身体，向后抬起另一条腿，并慢慢地抬高，保持在一个可以控制的高度。之后，上半身向前倾斜，抬起的腿再慢慢抬高，双臂自然打开，使身体与抬起的腿尽量在一条线上，并保持这个姿势一段时间。

游戏变化

在孩子已经可以顺利完成燕式平衡后，老师可以让孩子试着在结束动作时，脚尖发力向上稍微跳跃一次，再回到站立姿势。此动作难度较大，要在有人保护的情况下进行。

双手交替拍球

双腿微屈 ←

要点提示

01 在孩子还不能很好地控球之前，练习时要确保孩子的跑动范围内无杂物，以避免孩子发生磕碰。

02 提示孩子拍球不要过于用力，以免球弹起速度过快碰伤孩子或戳伤孩子的手指。在孩子学会控制力度之前，老师可以适当地给球放气。

03 球切勿充气过满，防止戳伤手指。

游 戏 规 则

孩子　站在平地上，双脚开立，与肩同宽，微微屈膝，降低重心。双手抱球，先用一只手拍球，球弹起后，再换另一只手拍球，双手交替持续拍球。在游戏过程中，尽可能让球落在同一个地方。

游戏变化

在孩子能够熟练控制球后，老师可以让孩子在慢慢行走的同时双手交替拍球，这样能够训练孩子的平衡性和对球的控制力。游戏时老师要注意周围是否有行人或杂物，也要防止孩子踩在球上摔倒。

蛙跳

训练能力

敏捷　　跳跃

双臂向前
上方摆动

落地时屈膝缓冲

双脚脚掌同时落地

游戏规则

孩子　两脚分开，下半身以屈膝半蹲姿势预备，上半身微微前倾，双手在身后预摆。蛙跳时两腿用力蹬地，同时两臂迅速向前上方摆动，身体向斜上方跳起；之后双脚一起落地，并且双腿屈膝缓冲，两臂摆回身后，完成一次蛙跳。

要点提示

01 眼睛注视前方，落地时重心要均匀地分布在脚掌上，帮助身体保持平衡。

02 刚开始练习时，不要过于用力，先小跳适应动作节奏，以免受伤。

03 如果孩子年龄较小，要先分步进行练习，不要过度练习。

04 下蹲和起跳要注意力度，防止受伤。

05 要在平坦的地方开始进行运动。

游戏变化

当孩子能熟练进行动作后，老师可以让孩子在进行蛙跳时，跳起后双手在上方击掌，再恢复蛙跳姿势。注意，老师要控制孩子的游戏强度，避免游戏之后孩子出现肌肉酸痛的情况。

前弓步举双臂

训练能力

平衡　柔韧

双手举过头顶

背部保持挺直

大腿与地面平行

游 戏 规 则

孩子 站在平地上，背部挺直，双臂在身体的前方伸直，与地面平行，然后直臂举过头顶。同时左脚向前迈出一步，膝盖弯曲，将重心放在前脚上，后脚脚尖着地，呈弓步站姿。之后恢复到起始状态，换另一条腿重复以上动作。

游戏变化

孩子可以在做弓步的同时双手做小哑铃侧平举，可以用水瓶或书本代替小哑铃。该运动结合器械，对腹部的锻炼效果会更加明显。

要点提示

01 腿部呈弓步，双腿不要分得太开，要在身体可以控制的范围内。

02 弯腿时切勿过快上下起伏，动作应缓慢进行。

第 3 章

多人趣味体育游戏

在这一阶段，我们将介绍100例由多人参与的趣味体育游戏。在游戏中，要尽量调动孩子参与游戏的积极性，充分发挥孩子的主观能动性，在确保安全的前提下，尽可能让孩子得到更全面的锻炼。

一起投卡片

训练能力

敏捷　　走跑

身体自然放松

注意孩子间的距离

要点提示

01 每个孩子间要保持一定的距离，至少留有自然摆臂的距离。

02 椅子间的距离可以摆放得大一些，并将椅子的边角处包裹起来，方便孩子移动，以免磕碰。

03 控制游戏人数，防止孩子间踩伤。

游戏规则

老师　在空地摆放一列椅子，并且在椅子周围放置贴有动物头像的纸箱。为参与游戏的孩子准备好动物喜欢吃的食物的卡片，并发布指令。

孩子　每个人拿着多张卡片在成排的椅子一头站成一列，然后在椅子间按S形路线移动。走到箱子附近时，根据老师的指令，将对应的食物卡片放进纸箱。

游戏变化

孩子们可以轮流来当发布指令者，给其他孩子发布口令，从而锻炼勇气和表达能力。

一起变速跑

训练能力

敏捷　走跑

要点提示

01 孩子的双臂随脚步自然摆动，以保持身体平衡和运动节奏。

02 老师要控制好孩子间的距离，保持间距一致，不要让后边的孩子超越前边的孩子；必要时可以适当加大间距，以免变速时孩子摔倒。

03 口令变化节奏适中，不要过快或过慢。

游戏规则

老师　发布"变快"或"变慢"的口令。

孩子　几个孩子排成一列，慢跑前进，第一个孩子根据老师口令的节奏改变跑步速度，后面的孩子跟着前面的孩子改变速度，以此锻炼节奏感和适应力。

游戏变化

老师可以让孩子轮流喊口令，控制整个队伍跑步的节奏，这样可以很好地培养孩子的自信心和领导力。

一起曲线跑

训练能力

敏捷　走跑

双臂随脚步
自然摆动

要点提示

01 老师要控制好孩子间的距离，让孩子依次跑动。跑动时，孩子尽量不要触碰绳子，以防被绊倒。

02 在初期练习时，老师要注意控制孩子跑步的速度，并且固定好绳子，以免绳子绊倒孩子；也可在地上贴上胶带来代替绳子。

游戏规则

老师　在地上摆放两条弯曲的绳子，并负责计时。

孩子　沿着弯曲的绳子跑到终点，再沿直线跑回。跑动时，双臂在身体两侧随着脚步自然摆动，以帮助保持身体平衡。

游戏变化

根据每队完成时间的长短，为每队进行排名。老师可以规定第一名得5分，第二名得3分，第三名得1分，给每队计算总得分，得分最高的一队赢得游戏的胜利。

扛扁担走

训练能力

走跑　平衡

扶住绳子保持稳定

要点提示

01 孩子用手扶住与前面的小桶相连的绳子，让扁担保持稳定。

02 孩子间要保持一定的间距，同时控制好速度，不要相互碰撞。

03 绳子长度适宜，不要过长或过短。

游 戏 规 则

老师　在竹竿两端绑上小桶做成扁担，在小桶内放入适量沙包，根据孩子的实际情况规定终点的位置。

孩子　将扁担放在一侧肩膀上，一只手扶住前面的绳子，保持身体与扁担平衡。扛着扁担到达终点，并且保证小桶中的沙包没有掉出来。

游戏变化

老师可以和孩子一起进行游戏，比一比看谁先扛着扁担到达终点；也可以让孩子相互比赛。老师要记得给先到达终点的孩子奖励哦。

保护鸡蛋

训练能力

敏捷　走跑

只能用手保护鸡蛋

要点提示

01 扮演鸡妈妈的孩子应保持背部挺直、肩膀放松，在保护鸡蛋时只能用手触碰小老鼠的手臂，以免扮演小老鼠的孩子摔倒受伤。

02 椅子可以选用小一些的，方便孩子进行游戏，以免磕碰。

03 注意控制游戏人数，老师可带领一组孩子做示范。

04 强调遵守规则，鸡妈妈不能用力抓住小老鼠不放。小老鼠要控制好力度，不能踢凳子。

游戏规则

孩子　一个孩子坐在凳子上扮演鸡妈妈，在凳子下放一个球当作鸡蛋，其他的孩子站在圈外扮演小老鼠。听到口令后，小老鼠去抢鸡蛋，鸡妈妈只能坐在凳子上保护鸡蛋。若小老鼠被鸡妈妈碰到手臂则算失败，需退至圈外等候。小老鼠全部失败或抢到鸡蛋，游戏结束。

游戏变化

老师可以让孩子轮流扮演鸡妈妈，让每个孩子都能体验保护鸡蛋的动作。此外，老师要控制参与游戏的孩子的数量，保护孩子的安全，让游戏更具合理性。

偷运沙包

训练能力

敏捷　平衡

游戏规则

孩子　手拉手站成一个圈，圈中间放一箱沙包，一个孩子扮演小老鼠，从其他孩子的胳膊下钻进、钻出拿沙包。围成圈的孩子们一起唱儿歌，约定好唱到某一句歌词时一起蹲下。如果扮演小老鼠的孩子此时仍在圈中，则会被抓到，需与其他孩子互换身份。扮演小老鼠的孩子拿到沙包后要把它运出圈，且沙包不能掉落，否则就要把沙包重新放回箱子内。每个孩子轮流扮演小老鼠，看看谁运的沙包最多。

游戏变化

孩子们熟练掌握规则后，老师可以让围成圈的孩子们绕圈移动起来，这样可以很好地锻炼扮演小老鼠的孩子的观察力和判断力。可以不让扮演小老鼠的孩子提前知道触发下蹲动作的歌词，以增加趣味性。

要点提示

01　孩子们围成圈时，注意不要碰伤拿沙包的孩子。

02　围成圈的孩子们蹲下时，不要过度拉扯其他人，确保不要摔倒。

03　老师需在一旁控制运动节奏，防止孩子摔伤。

捕鱼

训练能力

敏捷　走跑

要点提示

01 扮演渔网的孩子们不能用推或拉等危险动作来阻止小鱼。

02 如果出现摔倒、挤压等情况，老师要马上停止游戏，以防孩子受伤。

03 游戏人数不宜过多，防止出现无法控制的场面。

游戏规则

孩子 分成两组，一组在空地上手拉手站成一个圈，扮演渔网，另一组钻到圈内扮演小鱼。大家一起唱儿歌，唱完儿歌后，渔网向内收网，将小鱼留在渔网内。扮演小鱼的孩子们要想办法从空隙中逃出，若被网住，就要退出游戏。

游戏变化

老师可以让两组孩子轮流扮演渔网和小鱼，看看哪组能网住更多小鱼，要记得给获胜的孩子们奖励哦。

手拉手捉小鸡

训练能力

敏捷　　跳跃

游戏规则

孩子　一个或多个孩子扮演小鸡，用单脚跳跃的方式前进；两个孩子扮演老虎，这两个孩子要手拉着手单脚跳跃前进，追捕小鸡。如果两只老虎双手合围，并把小鸡包围在其中，小鸡就要退出游戏。直到所有扮演小鸡的孩子被抓住，游戏结束。

要点提示

01　老师要提醒孩子在游戏中注意节奏和姿势，不要跳得过快，并且要保持背部挺直，帮助身体保持平衡。

02　孩子可以左右脚交替跳跃，以防过度劳累，但不能双脚同时落地。

03　老虎在拦截扮演小鸡的孩子时，不能做推、拉等危险动作，一次只能合围一只小鸡。

04　老师要注意控制游戏时长，防止孩子过度疲劳。

游戏变化

老师可以在游戏场地中设置一个安全区，让小鸡有地方可以暂时躲避；也可以给孩子们准备服饰，增强游戏情景的真实性，增加游戏的乐趣。

根据参与游戏的人数和孩子的年龄制订大小不同的游戏区域，以控制活动强度，管理秩序。

停一停

训练能力

敏捷

🔆 要点提示

01 孩子在游戏中要保持背部挺直，不要含胸驼背，并且让身体充分伸展，以免肌肉紧绷。

02 不许动的持续时间可自由规定，老师要注意孩子的状态并及时调整持续时间，以保证孩子的安全。

03 喊"停"期间，所有人可以一起倒数规定的时间，以增加趣味性。

游 戏 规 则

老师　带领孩子唱儿歌，在适当时机发出"停"的口令。

孩子　一起唱木头人的儿歌，分别活动手臂、腿、脚等部位。当听到"停"的口令时，保持当前姿势不动，坚持3秒以上，再继续唱儿歌，恢复活动，如此循环。

游戏变化

老师可以让孩子轮流发布口令，让每个孩子都有发布口令的机会，这样可以很好地培养孩子的领导力和自信心；在游戏中还要注意保护孩子的安全。

动作幅度可以稍微大一些，以增加游戏难度。

魔法师

训练能力

敏捷　　走跑

要点提示

01 孩子跑动时双臂应自然摆动，保持身体平衡。

02 老师在放置圆圈时，数量尽量少一些，位置分散一些，以防孩子撞到一起。

03 选择空旷场地并限制固定区域进行游戏，且游戏人数不宜过多。

游戏规则

老师　在地上放置一些圆圈。

孩子　一个孩子扮演魔法师，用魔法棒触碰其他孩子，被触碰到的孩子被冰冻住，退出这局游戏。其他孩子可以站进圈中躲避魔法师的攻击，但是每个圈中每次只能站一个人，而且这个人不能擅自从圈中走出，需要被其他孩子拍一下身体，才可以从圈中走出继续进行游戏。扮演魔法师的孩子也不能一直守住圆圈中的孩子。

游戏变化

老师可以让孩子轮流扮演魔法师，以增加游戏的乐趣；也可以每局随机移动圆圈，以增加游戏的多样性。限制每轮游戏时间。如在规定时间内魔法师冻住所有的自由人，则魔法师获胜；如场上仍有自由人移动，则自由人获胜。以此促进所有人积极参与游戏。

木头人

训练能力

敏捷　走跑

要点提示

01 老师在圈内旋转时，要将手臂伸直，手指指向前方，明确指向一个孩子，避免游戏出现混乱。

02 老师要提醒孩子在追逐时注意安全，避免出现摔倒、磕碰的情况。

03 注意控制场地大小和游戏人数，场地不可过大或过小，参与游戏的孩子人数适中。

游 戏 规 则

老师　在空地上放置一个圆圈，站在圈内平举手臂转圈，当儿歌唱完后，指向一个孩子。

孩子　手拉手围着圆圈唱歌，被老师指到的孩子扮演追逐者，其他人扮演躲避者。躲避者快被抓住时可以喊"木头人"以避免被抓到，但喊完后就不能移动身体了，需要其他人拍一下才可以继续游戏。被抓到的人要和追逐者互换角色。

游戏变化

老师可以让孩子通过双腿跳的动作来追逐和躲避，但是这样比较容易摔倒受伤，所以要提醒孩子安全第一，不要太在意游戏的输赢。

小鸡钻窝

训练能力

敏捷　走跑

背部挺直

要点提示

01 孩子在游戏中要保持背部挺直，不要含胸驼背，帮助身体保持平衡。

02 孩子在寻找拱门时，注意不要撞伤其他孩子。

03 拱门位置不要靠太近，防止孩子受伤。

游戏规则

老师　在地上放置三个不同颜色的拱门，并扮演老鹰。

孩子　在衣服上佩戴和拱门颜色相同的袖带，老鹰不在时，来到拱门外的场地里玩耍。当听到老鹰来了后，跑到与自己的袖带颜色相同的拱门处并双手扶住拱门，跑错或被老鹰捉住的孩子需要表演节目。

游戏变化

老师可以让孩子们轮流扮演老鹰，每个孩子扮演一段时间，并且孩子之间要交换袖带；还可以调整拱门的位置。老师要控制参与游戏的孩子的数量，以免发生意外和争吵，保证孩子的安全。

大灰狼来了

训练能力

敏捷　　走跑

要点提示

01 在游戏刚开始时，老师可以先让孩子做听鼓点的练习，让孩子更好地参与游戏，以免场面混乱。

02 孩子间要保持一定的距离，以免互相碰撞。孩子跑动时双臂自然摆动，以保持身体平衡。

03 圆圈不宜过小或过大，够孩子进入即可。

游 戏 规 则

老师 击鼓，给孩子信号。

孩子 拿一个圆圈当作方向盘做开车的动作，一起唱儿歌。儿歌唱完后，将圆圈放在原地，随着鼓点自由活动，不可以守在自己的圈旁。鼓点快则表示大灰狼在靠近，鼓点慢则表示相对安全，鼓点停下来时，表示大灰狼来了，要立刻跑回自己的圈内。

游戏变化

老师可以适当增加故事情节，让孩子充分沉浸在游戏环境中；也可以每次选一个孩子来击鼓，这样可以很好地锻炼孩子的乐感。

狐狸抓兔子

训练能力

敏捷　　走跑

要点提示

01 椅子的数量要少于兔子的数量。老师要控制好游戏节奏，以免孩子摔倒。

02 圆圈要大一些，让孩子有足够的活动范围，以免磕碰。

游戏规则

老师　在空地上放置一个大圆圈，在圆圈外放置几把椅子，并扮演狐狸来抓孩子。

孩子　孩子们扮演兔子，在圆圈外沿同一个方向跑动；老师扮演狐狸，在圆圈内准备抓兔子。大家一起唱儿歌，儿歌结束时，狐狸开始抓兔子。若兔子找到椅子并坐好，就可以暂时避免狐狸的追捕，被抓到的孩子退出这局游戏。

游戏变化

在游戏前，老师可以给孩子戴上不同颜色的头饰，并在椅子上贴上对应颜色的图片，孩子要坐在与自己的头饰颜色相同的椅子上才能躲避追捕。颜色和椅子数量要相对平均，防止一种颜色对应椅子过多或过少。

捕知了

训练能力

敏捷　走跑

游 戏 规 则

孩子　几个孩子原地不动扮演大树,让和扮演大树同等数量的孩子扮演知了在大树间穿行,再让一个孩子扮演捕知了的人。孩子们一起唱儿歌,当儿歌唱完时,捕知了的人进场,知了可以寻求大树的保护。两个孩子靠在一起即处于保护状态,捕知了的人便无法抓这只知了。一棵大树只能保护一只知了,捕知了的人只要用手碰到知了即为捕到,该知了则退出本局游戏。直到游戏结束。

游戏变化

老师要保证孩子的安全,可以让孩子轮流扮演捕知了的人。规定知了每次要选择不同的大树保护,增加活跃度。约定大树每次保护知了的时间并倒数读秒,结束后必须解除保护,然后开始下一轮游戏。

要点提示

01　孩子间要保持一定的距离,注意安全,以免相互碰撞。

02　孩子要注意动作的力度和幅度,以免打伤别人。

03　老师要注意控制游戏人数和节奏,防止孩子受伤。

小鱼捉蝌蚪

训练能力

敏捷　走跑

游戏规则

老师　在空地中划出一定的范围作为池塘，在空地上摆放几个呼啦圈作为荷叶。

孩子　一个孩子扮演小鱼，其他孩子扮演小蝌蚪。小蝌蚪站在池塘内的荷叶上（圈内）可以躲避追捕，但只能躲避5秒，然后就要从荷叶内走出来。扮演小鱼的孩子去拍没有站在荷叶内的孩子，被拍到的孩子退出这局游戏。在规定时间内，小鱼捕捉到所有小蝌蚪便取得游戏的胜利。

游戏变化

老师可以让孩子轮流扮演小鱼，以增加游戏的乐趣，这样可以很好地培养孩子的自信心。如果扮演小鱼的孩子捕捉到所有的小蝌蚪，那么老师一定要给孩子奖励哦。可以缩短或延长在荷叶内的躲避时间，以调节游戏的难度并控制节奏。

要点提示

01 注意场地大小与参与人数，以免拥挤，蝌蚪的数量要大于荷叶的数量。

02 孩子在游戏中要注意动作的力度，不要做出扑、拉、拽等危险动作。

03 老师在一旁负责计时，防止孩子长时间待在圈内，引起争执。

水滴蒸发

训练能力

敏捷　　走跑

背部保持挺直

膝盖弯曲

要点提示

01 在游戏中孩子的手臂随脚步自然摆动，帮助身体保持平衡。

02 老师要限制场地大小和参与人数，场地大小要适中，人数不要过多，以免拥挤碰撞。

游戏规则

孩子　围成一个圈扮演小水滴，让一个孩子站在中间扮演太阳。开始时一起闭着眼唱儿歌，唱完后，小水滴四散奔走，扮演太阳的孩子去拍小水滴，被太阳拍到的小水滴要在原地蹲下。直到所有小水滴都被拍到，或到了规定的游戏时间，游戏结束。

游戏变化

老师可以让孩子轮流扮演太阳，以增加游戏的乐趣，这样可以很好地培养孩子的自信心。

如果扮演太阳的孩子拍到所有的小水滴，那么老师一定要给孩子奖励哦。

老鹰捉小鸡

训练能力

敏捷　　走跑

要点提示

01 跑步时注意控制速度和间距，孩子间要互相协助，以免摔倒。

02 老师要提醒扮演老鹰的孩子注意安全，并且一定要用较软的圈进行游戏。圈大小适中，不宜过小或过大。

03 不能互相推拉或冲撞，不能扔出软圈做套圈的危险动作。

游戏规则

孩子 挺胸抬头，排成一排，扮演小鸡的孩子一边唱儿歌一边前进，一个孩子扮演老鹰。听到"老鹰来了"后，小鸡四散躲避，扮演老鹰的孩子手拿一个软圈捕捉小鸡，被软圈套住的孩子退出游戏。扮演小鸡的孩子可以用手挡住软圈，以免被捉到。直到所有小鸡都被捉到，或到了规定的游戏时间，游戏结束。

游戏变化

老师可以让孩子轮流扮演老鹰，以增加游戏的乐趣，这样可以很好地培养孩子的自信心。

如果扮演老鹰的孩子捕捉到所有的小鸡，那么老师一定要给孩子奖励哦。

追影子

训练能力

敏捷　走跑

要点提示

01 躲避者在奔跑闪躲时要注意安全，不要碰撞到其他孩子。注意控制游戏人数。

02 老师要注意孩子在游戏中的姿势，应该让孩子保持背部挺直，手臂自然摆动，不要含胸驼背，这样可以让身体保持平衡。

游 戏 规 则

孩子 一个孩子作为追逐者，其他孩子作为躲避者，追逐者去踩其他孩子的影子。追逐者踩到影子后大声地喊出被踩影子的孩子的名字，这个孩子就需要暂时退出游戏。直到所有孩子都被抓住，或到了规定的游戏时间，游戏结束。

游戏变化

老师可以让孩子将有树荫的地方作为临时躲避场所，以增强游戏的多样性和提高难度，从而提高孩子随机应变的能力。

踩气球

训练能力

敏捷　平衡　走跑

要点提示

01　孩子在游戏中不能使用手臂来阻止对方，只能躲避。

02　让孩子注意不要滑倒摔伤。

03　气球充气要足一些，防止气球难以踩破。

游戏规则

老师　设定游戏活动范围，在孩子的两只脚上分别绑上一个气球。

孩子　两个孩子为一组，互相踩对方的气球，同时要防止被对手踩破气球。离开游戏活动范围或两个气球都被踩破的孩子退出游戏。

游戏变化

老师可以让多个孩子一起来参加游戏，自由组队，各队人数要保持一致。允许孩子组队攻击对方，通过制订游戏战术来获胜。队友之间也要互相帮助、互相扶持，提高反应能力。

保护尾巴

训练能力

敏捷　　走跑

背部挺直

要点提示

01　老师要控制参与游戏的人数，如果孩子过多，可以分多局进行游戏。

02　老师可以选择年龄较大或运动能力较好的孩子扮演老虎。

03　注意孩子不要碰撞摔倒。

游 戏 规 则

老师　在每个孩子身后绑一个布条作为尾巴，然后扮演老虎捉孩子的尾巴。

孩子　背部挺直，在指定范围内快速闪躲，保护自己的尾巴不被老虎捉到。

游戏变化

老师可以扩大游戏场地范围，孩子可以在教室里的某处躲藏起来，但要规定孩子一旦被发现，就不能逃跑了，因为环境复杂，逃跑比较容易发生磕碰。

保护圈

训练能力

敏捷　走跑

背部挺直

要点提示

01 老师要控制圈内孩子的数量，以免拥挤时孩子撞到一起。

02 圈外的孩子可以俯身去触碰圈内的孩子，但是要注意安全，保持平衡，小心被踩踏。

03 要用较大的圈进行游戏，若圈不够大，则规定只能触碰圈内孩子的上半身，以此增加游戏难度。

游 戏 规 则

孩子　一个孩子站在圈外，剩下的孩子站在圈内，大家一起拍手绕圈唱儿歌，圈外的孩子随时喊停。喊停之后，圈内的孩子双脚不可再动，圈外的孩子去触碰圈内的孩子，但是双脚不能移动位置；圈内的孩子要躲避圈外的孩子触碰，但是身体不能出圈。如果圈内的孩子被碰到，则需要离开圆圈，退出本局游戏。

游戏变化

老师可以让孩子轮流在圈外扮演捕捉者，让他想办法触碰圈内的孩子；也可以让圈内的孩子双脚跳跃着移动绕圈，以提高游戏难度。

守卫家园

训练能力

敏捷　　走跑

不允许做推、拉
等危险动作

要点提示

01 在游戏前可以让防守队伍的孩子提前制订战术，思考如何最大限度地阻拦对方。

02 双方在攻守时，不能大力冲撞，不允许做推、拉等危险动作，以免受伤。

03 注意控制场地大小，切勿过大或过小，要留给孩子一定的跑动空间。

游 戏 规 则

孩子 自由组成A、B两支队伍，两队分别站在自己的场地内，间隔10米，在中间位置画一条线。游戏开始时，两队一起唱儿歌，当唱完最后一句时，A队队员向B队场地跑动，B队队员上前拦截A队队员。越过线跑到B队场地的A队队员就算成功，被拦截的队员（只要被对方用手碰到即为被拦截）暂时退出比赛。如果被拦截的队员人数占A队总人数一半以上，则B队胜利；反之则A队胜利。下一局双方互换攻守角色。

游戏变化

老师可以在游戏的终点放置几个沙包，让成功到达终点的孩子拿取沙包返回自己的场地，比一比哪支队伍拿到的沙包更多。注意要进行攻守双方的角色交换。

猫鼠大战

训练能力

敏捷　　走跑

游戏规则

老师　扮演猫，在空地上放置若干圆圈，并在身旁假装放一罐油。提前规定某句儿歌歌词会惊醒猫，唱到规定歌词时，猫起身追捕小老鼠。

孩子　扮演小老鼠，一起唱儿歌，然后慢慢靠近偷油，被捉到的小老鼠退出游戏。小老鼠可以在圆圈中躲避追捕，但是只能进入一次，且不可以长时间待在圆圈内。

要点提示

01　老师摆放的圆圈间隔要大一些，以免孩子拥挤跌倒，注意控制游戏人数。

02　孩子在奔跑闪躲时要注意安全，不要磕碰到其他小朋友。

03　老师在追孩子时不要追得太紧，以免孩子因为着急而摔倒受伤。

游戏变化

老师可以在身旁摆放小盒（内装小球）作为油瓶，让孩子们的游戏体验更加真实，并且可以让孩子在游戏中保护好油不洒落，看看谁最后偷到的油最多。

小老鼠偷沙包

训练能力

敏捷　走跑　跳跃

双腿微屈，双脚同时落地

💡 要点提示

01 如果孩子年龄较小，不要让孩子单独站在椅子上，可以换成坐在椅子上，以免孩子摔下来受伤。

02 孩子从椅子上跳下时，双腿微屈，双臂自然在身体两侧摆动，双脚同时落地。

03 椅子大小合适，不要过大，且老师要确保椅子不会晃动。

游 戏 规 则

老师 在圈内扮演猫，并在圈内放置若干个沙包，叫3声"喵喵喵"后便开始捉小老鼠。

孩子 扮演小老鼠站在椅子上，唱着儿歌进圈偷沙包，听到3声"喵喵喵"后快速跑回椅子上坐好。如果被猫抓住，就与猫互换游戏角色。

游戏变化

老师可以适当增加游戏难度，将3声"喵喵喵"适当拉长或缩短，以锻炼孩子的敏捷性；也可以限制猫只能在圈内或者可以出圈去捉小老鼠，以增加难度和趣味性。

切西瓜

训练能力

敏捷　走跑

双手紧握

💡 要点提示

01 跑步的时候注意控制速度，孩子之间要互相协助，以免摔倒。

02 被分开的孩子要迅速选择顺、逆时针方向跑回原位，以免场面混乱。若孩子无法分辨顺、逆时针，则向相反方向跑即可。

03 孩子在游戏中要保持背部挺直，肩膀打开，不要含胸驼背，以帮助身体保持稳定。

游 戏 规 则

孩子　一个孩子站在圈内，其他孩子手拉手围成一个圈，大家边绕圈边唱儿歌。等到儿歌唱完，圈内的孩子向一个方向跑去，分开两个孩子相握的手，并替代他们。被分开的两个孩子分别按顺、逆时针方向绕圈跑回原位，先归位的孩子加入围成的圆圈，继续玩游戏；后归位的孩子站在圈内继续玩游戏。

游戏变化

在其他人唱儿歌时，老师可以让站在圈内的孩子原地转圈，以锻炼圈内孩子的平衡能力。

卷花卷

训练能力

走跑

💡 **要点提示**

01 卷花卷的速度可以逐渐加快，但要注意安全。

02 孩子间要保持一定的距离，老师要时刻注意孩子们的安全。

03 刚开始游戏时，人数可以少一些，待孩子们熟练后再逐渐增加人数。

游戏规则

孩子 挺胸抬头，手拉着手站成一排，一起唱儿歌。当儿歌唱完时，以最前端的孩子为中心，其他孩子一圈一圈地围绕着中心卷花卷，中途掉队的孩子退出游戏。

游戏变化

老师可以在游戏过程中发出口令"停止"，孩子就要原地站住，不能移动，这样可以加大游戏难度，锻炼孩子的稳定性和协作性。

跳房子

游 戏 规 则

老师　在空地上交错放置一排高低不一的软垫，每隔几个软垫放一个呼啦圈。

孩子　按要求依次通过所有的障碍物，直到跳跃到终点。跳进呼啦圈时双脚不能触碰呼啦圈，不然就要从头开始游戏。

要点提示

游戏变化

老师可以在行进路线上放置多个沙包，让孩子在前进过程中弯腰捡起尽可能多的沙包，比一下谁捡起的沙包更多、速度更快。

01　老师要控制好软垫与呼啦圈之间的距离，要根据孩子具体情况调整距离。软垫不宜过高，防止崴脚。

02　孩子在跳跃时，要双脚起跳、双脚落地，落地时双腿微屈。

03　注意控制孩子的间距，防止摔伤。

小跳蛙

训练能力

跳跃

双臂自然打开

双脚同时落地

要点提示

01 跳跃时，双脚同时落地，双臂自然放在身体两侧，随着身体摆动，以保持平衡。

02 老师要提醒孩子在跳跃时注意安全，不要碰到塑料圈，以免摔倒。

03 老师可以多摆放几个塑料圈，让孩子有多种选择。注意间距，不要过大。

游戏规则

老师　在空地上设置起点和终点，在中间放置多个大小不一的塑料圈。

孩子　扮演小跳蛙，把塑料圈当作荷叶，从起点开始，用蛙跳的姿势从一个圈跳到另一个圈内，最后跳到终点。

游戏变化

老师可以在塑料圈中放置多个沙包，让孩子在通过时尽可能多地弯腰捡起沙包，看看到达终点后谁捡的沙包多而且行进速度快。

动作熟练后，可要求孩子下蹲后起跳，以增加游戏难度。

蜂窝跳跃

训练能力

跳跃

要点提示

01　老师要控制好圈与圈之间的距离。

02　孩子在跳跃时，双脚应同时起跳、落地，落地时动作要轻，并且双腿微屈，这样可以让身体更加稳定。

03　一开始先让孩子加以练习，熟练后再进行游戏。

游戏规则

老师　在一定的范围内，摆放多个圆圈，然后发出口令。

孩子　站在圈外等待，第一声口令后，双脚跳入圈内，第二声口令后，双脚跳到圈外。听口令依次跳跃前进，直到跳到终点。在跳进圈时，双脚不能触碰圈，不然就要从头开始游戏。

游戏变化

在孩子能够熟练完成游戏后，老师可以修改游戏规则，将第一次跳跃改为单脚，第二次跳跃改为双脚，交替进行跳跃，这样可以很好地锻炼孩子的敏捷性。老师也可以增加圈的数量，让孩子自己选择行进路线。

拔胡萝卜

训练能力

跳跃 综合

双脚跳跃

要点提示

01 孩子在游戏中要保持背部挺直，并且要用双脚跳跃。

02 重复游戏时老师要注意孩子的体力情况，可将跳跃换成跑或走，以免孩子体力不支导致受伤。

03 孩子要听从口令配合前进，拔胡萝卜时整个队伍必须停下等待，避免拥挤、推搡等。老师要注意游戏人数。

04 圆圈连续摆放，防止孩子踩到圈边摔倒或崴脚。

游戏规则

老师 在空地上放置一排呼啦圈，在呼啦圈旁边随机摆放若干胡萝卜玩具。

孩子 排成一队，依次在呼啦圈中双脚跳跃前进，每人每次可以捡拾一个放在圈两侧的胡萝卜。当某个孩子要捡胡萝卜时，必须先喊"要拔胡萝卜了"，然后整个队伍停下等待，待其拿到胡萝卜后再一同前进，直到完成游戏。

游戏变化

老师可以将胡萝卜换成多种水果或蔬菜，在孩子拿到之后询问他拿到的是什么，让他说出颜色、形状等，以锻炼孩子观察和表达的能力。提前规定每人能获取胡萝卜的最大数量，以保证每个孩子的参与感。

谁是小青蛙

训练能力

跳跃

游 戏 规 则

老师　在空地上随机摆放一排呼啦圈，然后发出口令。

孩子　根据口令进行蛙跳，跳到呼啦圈内。第一次口令时以蛙跳姿势起跳，但落地时要单脚落地；第二次口令时单脚起跳，双脚落地，以此类推交替进行跳跃。落地时，脚不能碰到呼啦圈。

要点提示

01　孩子要用正确的姿势进行蛙跳，即两脚分开成半蹲姿势，双脚蹬地，同时两臂自然向前摆，身体跳起；落地时膝盖微屈以缓冲，以免受伤。

02　老师可以根据孩子的实际情况改变呼啦圈之间的距离。

03　刚开始时，可以以膝盖微屈姿势进行练习，熟练后再进行半蹲蛙跳。

游戏变化

在孩子能够熟练完成游戏后，老师可以调整呼啦圈的位置；也可以规定在一次完整的游戏中双脚落地时，两只脚不能落在同一个呼啦圈内，同时要保证两只脚都不能碰到呼啦圈，不然就要重新开始。

蜜蜂采蜜

训练能力

敏捷　　走跑　　跳跃　　平衡

💡 要点提示

01 单脚跳跃时可以微屈膝盖，并且保持背部挺直，帮助身体保持平衡。

02 在跳跃和跑动时沙包不能掉在地上，即使掉落也不要去捡，以防身体失去平衡。

03 圆圈紧凑摆放，或者隔出足够间距，防止孩子踩到圈边摔倒。

04 跳跃时可双脚交替前进，但都要单脚落地。

游 戏 规 则

老师　在空地上放置一排较大的圆圈，然后把孩子分成两队。

孩子　一队孩子拿着放有沙包的篮子扮演花朵，另一队孩子拿着空篮子扮演蜜蜂。蜜蜂只能在圆圈中单脚跳跃前进，花朵要围绕着圆圈跑动躲避，被蜜蜂拍到的花朵必须给蜜蜂一个沙包，蜜蜂获得 3 个沙包即为胜利。

游戏变化

老师可以在游戏中让多个孩子扮演蜜蜂和花朵，游戏时长 5 分钟，被拍到的人要暂时离开游戏，时间到了两队互换角色。

炒糖豆

训练能力

走跑　跳跃

双脚同时落地

要点提示

01　孩子在跳跃时，要双脚同时起跳、同时落地，双臂自然放在身体两侧，随着身体前后摆动来保持平衡，落地时双腿微屈。

02　老师要控制孩子之间的距离，以免发生磕碰；也要防止孩子踩到铲子。

游戏规则

老师　拿一个铲子站在圈中间，带着孩子一起唱儿歌。唱完后，用铲子指向一个孩子。

孩子　围成一圈，慢慢绕着圈行走，和老师一起唱"炒糖豆，炒糖豆，炒到谁，谁就跳"。唱完后，被老师指到的孩子要立刻向上跳跃。

游戏变化

在游戏中，老师可以根据实际情况来发出口令，例如让穿红衣服的孩子跳、戴帽子的孩子跳等。

葫芦娃

训练能力

敏捷　　走跑　　跳跃

背部挺直

要点提示

01 孩子在游戏中要保持背部挺直，注意身体姿态，以免摔倒。

02 老师要根据孩子的实际情况调整葫芦的高度、距离和数量，不然容易让孩子受伤，也容易过度消耗孩子的体力。

游 戏 规 则

老师 在空地上悬挂一些葫芦。

孩子 分为几组，站在离葫芦20米的位置，每组第一个孩子跑到葫芦处，跳起将葫芦摘下后跑回起点，带着葫芦站到队尾排队；第二个孩子待第一个孩子归队后，以同样方法继续游戏，以此类推，直到摘完所有葫芦。游戏过程中手里的葫芦不能掉落，如果掉落不能捡起，最后看一看哪一组摘的葫芦多。

游戏变化

老师可以让孩子试着单脚跳跃去摘葫芦，但因为单腿跳跃不易保持平衡，所以葫芦不宜布置得过高，老师也要提醒孩子努力保持身体平衡。

捕鱼达人

训练能力

敏捷　　走跑

要点提示

01 孩子在翻越障碍物时，用翻、跳等姿势都可以，但要保持正确的身体姿势，在翻越和跳跃时应保持背部挺直，以帮助保持身体平衡。

02 在布置障碍物时，老师要根据孩子的实际情况增加或减少障碍物的数量，以免孩子受伤。

游 戏 规 则

老师　在空地放置一些障碍物，例如易拉罐、绳子、垫子等，将小鱼玩具放置在终点。

孩子　分为若干组，每一组的第一个孩子越过障碍后到达池塘，从池塘中拿起一条小鱼后返回起点，与下一个孩子击掌后由下一个孩子继续游戏。每组之间可以比拼速度，看看哪组先将小鱼拿完。

游戏变化

孩子可以两两组队，以两人三足的形式进行游戏。双方要互相协助，一同翻越障碍物，与其他队伍比赛。老师要记得给速度最快的队伍奖励哦；也可以让孩子在返回时，再次跨越障碍物，以增加游戏难度。

保卫胡萝卜

训练能力

敏捷　跳跃

双腿微屈

要点提示

01 老师在摆放格子时，应根据孩子的实际情况调整间距，并且保证格子不会滑动，以保证孩子的安全。同种颜色间隔也不要过大，防止孩子摔伤。

02 孩子跳跃时要双脚起跳，双腿微屈，落地时动作要轻，双脚落地，这样会让身体更加稳定。

游戏规则

老师 在空地上摆放不同颜色的格子，提前让孩子选择喜欢的颜色。

孩子 扮演小白兔，手中拿着胡萝卜玩具，双脚跳跃前进，并且只能跳到自己选择的颜色的格子上。手中的玩具不能掉落，双脚不能出格子，不然就要重新开始。

游戏变化

在孩子能够熟练完成游戏后，老师可以修改游戏规则，将第一次跳跃改为双脚落在格子内，第二次跳跃改为双脚落在格子两边，交替进行跳跃，这样可以很好地锻炼孩子的敏捷性；也可以让孩子拿重一些的玩具，以增加腿部力量。

飞跃峡谷

训练能力

敏捷　跳跃

游 戏 规 则

老师　在空地上放置若干个纸板，排成一排。

孩子　跳跃前进，跃过纸板。可以单脚落地，也可以双脚落地，但如果踩到纸板则为犯规，需要从头开始跳跃。

游戏变化

老师在游戏中可以增加一些小物品，例如玩具，让孩子分别进行游戏，在跳跃中弯腰捡起这些物品，看谁捡取的物品更多、速度更快。

要点提示

01　老师要注意纸板与地面的贴合程度，以防孩子在游戏中滑倒；也可以用其他防滑的东西代替纸板。

02　老师应根据孩子的能力设定纸板的大小和纸板的间距。

03　注意控制游戏人数。

小袋鼠取零食

训练能力

跳跃　平衡

①

双手背在身后

双腿并拢

②

要点提示

01 老师应该提醒孩子在跳跃时要注意安全，节奏不宜过快，并且让孩子注意姿势，保持背部挺直。

02 孩子在做袋鼠跳动作时每步应跳得尽量远些，保持平衡后再开始下一跳。

03 成组的孩子身体条件需尽量相同，减少受伤风险。

游戏规则

孩子 两人一组，自由组队，两人从起点双腿并拢模仿袋鼠跳的动作跳到场地的另一端，一起拿起食物袋，然后单脚跳回起点。做袋鼠跳动作时双腿保持并拢，手臂背在身后进行跳跃；单腿跳时一只手拿紧食物袋，另一只手随身体摆动，帮助身体保持平衡。

游戏变化

当孩子可以顺利完成游戏时，老师可以在路上放置一些障碍物，如绳子、垫子等，让孩子跳过这些障碍物才能取到食物袋，以增加游戏的难度和趣味性。

兔宝宝运胡萝卜

训练能力

跳跃

双腿微屈

要点提示

01 做兔子跳动作时保持双脚并拢、双腿微屈，身体向前倾。

02 跳跃时要双脚同时起跳、同时落地，落地时脚步要轻，不要用力过猛，避免造成身体重心不稳，导致摔伤。

03 注意游戏节奏，防止受伤。

游戏规则

老师　在空地相距10米处设置起点和终点，在终点处摆放胡萝卜玩具。

孩子　模仿兔子跳的动作跳到终点，拿取一个胡萝卜，然后再以同样的方式跳回起点。在跳跃过程中，要保持身体平衡，不要急于完成游戏，要保证胡萝卜不掉落，如果掉落应重新开始游戏。

游戏变化

孩子熟悉动作后，老师可以让孩子改变跳跃行进的动作，例如用蛙跳、单脚跳、袋鼠跳等动作来进行游戏，比一比谁的速度最快。

小袋鼠回家

训练能力

敏捷　　跳跃

要点提示

01 孩子跳进场地后，要互相帮助，不能推挤其他人，导致别人摔倒受伤。

02 孩子在做袋鼠跳动作时要保持双腿并拢，双臂背在身后，这样不容易摔倒受伤。孩子之间要有足够间隔，防止发生踩踏。

游 戏 规 则

老师　在空地上设置一些三角形和四边形的小场地，让孩子随机佩戴三角形和四边形的标志，然后在适当的时间发出"小袋鼠回家了"的口令。

孩子　围绕着场地，边唱儿歌边用袋鼠跳的方式前进，当听到"小袋鼠回家了"的口令后，快速跳进有相应标志的场地内。四边形场地内只能站 4 个人，三角形场地内只能站 3 个人。

游戏变化

老师可以根据参加游戏的孩子数量，设置多边形场地，根据边的数量限制进入人数，让孩子了解多种图形，培养其对图形的敏感度。

快乐消消乐

训练能力

敏捷　　跳跃　　平衡

单脚跳跃

要点提示

01 在跳跃前进时，几组人不能有身体接触。

02 落地时脚步要轻，不要因为追求速度而用力过猛，导致摔倒受伤。

游戏规则

老师　把孩子分为4组，在10米外放置4个装有玩具的箱子。

孩子　每组第一个孩子单脚跳到箱子前，拿出一个玩具，观察其他组的孩子拿出的玩具，如果有相同的玩具，就可以换另一只脚单脚跳回，这组下一个孩子继续游戏；如果没有摸出相同的玩具，就要在原地等待，直到有孩子拿出相同的玩具才可以一起跳回。若均没有相同玩具，则让孩子们重新拿一次。

游戏变化

老师可以适当放宽相同玩具的要求，例如都是"毛绒玩具""模型"即可，可以从材质或外形的不同来区分，让孩子主动观察、分析，以锻炼孩子的观察力。

穿越障碍

敏捷　　走跑　　综合　　平衡

双脚不能触碰圆圈

💡 要点提示

01 孩子在游戏中要注意身体姿态，保持身体平衡。

02 老师应该提醒孩子注意脚下的障碍物，以免摔倒受伤。

03 老师需固定好纸板，防止孩子在跑动过程中滑倒。

游 戏 规 则

老师　将纸板连成一排，可铺成多种形状的小路，在后面设置若干个圆圈或障碍物，在终点处放置多个沙包。

孩子　自由组队，跑过纸板，用单脚跳跃的方式跳过圆圈或障碍物到达终点，拿起一个沙包，从一旁跑回起点，看看哪队拿的沙包最多。

游戏变化

老师可以赋予不同形状或颜色的沙包不同的分值，最后看哪队得到的分数最高，这样能增强孩子的观察能力和应变能力。

斗鸡

训练能力

敏捷　平衡　跳跃

背部挺直

游 戏 规 则

老师　在较大的空地上画一个圈，组织孩子进行比赛。

孩子　两人一组，将一条腿弯曲盘在另一条腿上，双手抓住脚踝，单腿跳跃跳向对方，用弯曲的腿顶对方的腿，先把腿放下或跳出圈外的孩子输掉比赛。

要点提示

01 孩子全程不能用手推拉或是用脚踢对方，要注意自己的力度，秉承安全第一的原则。

02 老师可以在孩子的身后放置瑜伽垫，如果孩子摔倒可以直接倒在瑜伽垫上，以免磕伤。

03 注意控制游戏时长，防止孩子腿部过度疲劳。

游戏变化

老师可以在孩子身上贴一些贴画，孩子单腿跳跃时，双手可以拿取对手身上的贴画贴在自己身上，比赛中脚不能落地，看看游戏结束时谁身上的贴画更多。

编花篮

训练能力

平衡 　力量

游戏规则

孩子　3个孩子背对背站立，先用左腿为支撑腿单腿站立，右腿屈膝向后伸出，将各自的右小腿互相搭在一起，相互支撑站立。然后，3个人一同唱儿歌，当唱到某一句时，一起左腿屈膝完成下蹲动作。唱完儿歌后，左腿用力支撑站起，恢复起始动作。

游戏变化

在孩子刚接触这个游戏时，唱完儿歌后，老师可以让他们向各自面向的方向单腿跳跃，搭在一起的腿顺势分开。这样可以降低游戏难度，也更加安全，能防止孩子摔倒受伤。下蹲或跳跃都要尽量缓慢一些。孩子还可以左、右腿交替进行游戏，可以起到更好的锻炼作用。

要点提示

01　老师可以在地面铺上瑜伽垫，以防孩子磕伤。

02　游戏时，孩子可以手臂侧平举，以帮助身体保持平衡。孩子要互相帮助、互相理解，下蹲和站起时要同时用力，一起保持身体稳定。

03　孩子们身高应尽量一致，方便游戏顺利进行。

叠报纸

训练能力

平衡

游 戏 规 则

老师　在空地上摆放一张报纸。

孩子　两个孩子一起唱儿歌，约定唱到某一句时，同时单脚站立在报纸上，两个人双手扶住对方的身体，保持平衡并一起从1数到10；若双脚落地，则重新数10秒。然后继续唱儿歌，离开报纸并将其对折，唱到约定一句时继续同时单脚站立在报纸上。不断对折报纸减少面积，直到无法站立在报纸上。

要点提示

游戏变化

老师可以让多个孩子进行比赛，看看哪组孩子坚持得更久；也可以让孩子多多观察其他孩子是怎么合作的，锻炼孩子的观察能力。

01　两个孩子抬起的那一只脚都不能落地，要依靠双手相互搀扶保持平衡。要摔倒时应立即将悬空的脚放下，以防摔倒受伤。

02　老师要提醒孩子有合作精神，单腿站立时要互相搀扶，互相保持平衡，这样才能坚持得更久。

03　在水泥地或其他不易打滑的地面上进行游戏，防止孩子滑倒。

你背我、我背你

训练能力

平衡　力量

手臂交叉

游 戏 规 则

孩子　两人一队，背靠背站立，两人同侧小臂向后相互交叉。游戏开始后其中一人向前弯腰，双腿微屈，背起对方，被背起的人要双脚慢慢向上抬离地面，坚持3秒，然后慢慢恢复至站立姿势，换另一人进行同样的动作。

要点提示

01　老师应将体重接近的孩子分为一组，避免孩子被压倒受伤。

02　老师注意提醒被背起的孩子要缓慢抬起双腿，不能直接跳起，以免受伤。

03　孩子要站稳，用双臂保持对方身体稳定，用腰背部发力背起对方，不要勉强；也不要用力过猛，以防摔伤。

04　整个游戏过程要缓慢进行，防止受伤。

游戏变化

老师可以让体重相近的孩子组成人数相等的几队，每队由第一个孩子拿一个沙包开始游戏，被背起的孩子要将沙包递给背起的人，保证沙包不会掉落进行接力，比拼一下哪队的速度更快。

煎鸡蛋

训练能力

灵活

背部贴合

要点提示

01　组队时，老师要将身高接近的孩子分为一组，这样更容易进行游戏；必要时，可根据孩子的柔韧性来适当减小动作的幅度。

02　两个孩子背对背时背部要贴合在一起，双手要跟着身体一起转动，并且在游戏中不能分开。孩子在游戏时，不要勉强，以防拉伤。

03　刚开始游戏时，可先由老师进行示范，更有助于孩子学习。

游戏规则

孩子　两人一队，面对面站立，双手紧握，一边唱儿歌一边左右摆动手臂。每唱完一句儿歌，两人向同侧同时转身，先转体180度，背对背站立，然后再转180度，恢复成面对面站立，保证转身时两手不能松开。反复进行游戏，直到时间结束。

游戏变化

游戏开始前，老师可以让两个孩子握一根短棒或布条，用短棒或布条来连接双臂做转身动作，这样会适当减小动作的难度。

同心协力

训练能力

平衡　走跑

①

②

要点提示

01 注意游戏场地的地面不要太光滑，不然长板鞋会打滑，导致孩子摔倒。

02 老师可以让孩子在长板鞋上提前练习动作，学会互相搀扶，锻炼默契，让行进的速度更快，也能防止孩子摔倒。

03 刚开始时不用完全蹲下，可稍微屈膝，待熟练后再进一步蹲下。

04 如果摔倒，要首先脱离长板鞋束缚再站起来，以避免强行站起导致摔倒。

游戏规则

孩子　两人一组，一前一后将脚固定在长板鞋上，后面的孩子可以扶着前面的孩子的肩膀，走向终点。到达终点转身后，两人蹲下，以蹲走的方式走回起点。前进过程中，两人要同时迈同侧的腿，保持动作协调一致。

游戏变化

老师可以让后面的孩子闭上双眼，让前面的孩子带领并指挥他前进，这样既可以锻炼后面的孩子的平衡性，又可以锻炼前面的孩子的指挥、领导能力。

小矮人

💡 要点提示

01 孩子在游戏中要保持背部挺直，将手臂搭在同伴的肩膀上，帮助身体保持平衡。

02 老师可以适当降低游戏难度，让孩子双膝微屈，以半蹲姿势前进，这样可以避免孩子肌肉酸痛。

03 终点不宜设置过远，根据孩子的具体情况调整。

游戏规则

孩子 自由组队，两人一组，将一侧手臂搭在对方肩膀上，双腿下蹲向前行进到达设定的终点。下蹲前行时，双膝屈曲，两人同时迈出同一侧腿，协同前行。

游戏变化

在孩子可以顺利到达终点后，老师可以让孩子尝试向不同的方向移动，例如横着走、斜向走，这样可以锻炼孩子的平衡能力和协调性。

抬花轿 I

要点提示

01 游戏中，3个人迈步的节奏要一致，中间扮演乘客的孩子也要帮忙抬着木棍，3个人一起分担重量，以防有人掉队摔倒。

02 要注意中间孩子的行进速度，防止摔倒。

游 戏 规 则

老师　在两根木棍中间固定一块布，两边与木棍相连，在布中间剪两个口用来放腿。

孩子　3个孩子一组，两人当轿夫，一人在中间当乘客，然后步调一致地走向终点。走到终点后交换角色，在所有人都扮演过乘客后，游戏结束。

游戏变化

在孩子熟悉动作并且合作得很好的情况下，老师可以适当给孩子增加难度，例如在行进路线上，绕过垫子或易拉罐等障碍物。要避免踩到障碍物，以防摔倒。

抬花轿 ₂

平衡　　走跑　　力量

游戏规则

孩子　三人一队，两人扮演轿夫，一人扮演乘客，两个轿夫用左手握住自己的右手腕，右手握住对方的左手腕，搭成一个四方形的轿子。轿夫蹲下，乘客双腿并拢，坐在搭好的四方形上，双手搭在轿夫肩上，轿夫抬起乘客前进，三人合作走向终点。到达终点后交换角色，在整队所有人都扮演过乘客后，游戏结束。

要点提示

01 乘客在游戏中要保持背部挺直，将手臂搭在同伴肩膀上，帮助身体保持稳定。

02 在游戏过程中，扮演轿夫的两个孩子双手不能放松，要一直坚持到终点再将乘客放下，以保证乘客的安全。行进中注意速度。

03 老师要选择体格相近的孩子为一队，防止受伤。

04 注意安排同性别为一组，避免异性同组。

游戏变化

在孩子的力量达到游戏水平，并且合作得很好的情况下，老师可以适当在孩子的游戏路线上增加障碍，让孩子绕开障碍，并且身体不能触碰到障碍物。

木桩障碍赛

训练能力

平衡　跳跃

双脚同时起跳、同时落地

💡 要点提示

01 老师要将木桩固定在地面上，不然木桩很容易晃动或翻滚，导致孩子摔下受伤。

02 孩子在游戏中要保持背部挺直，双臂自然打开，跳跃时双脚同时起跳、同时落地，以帮助保持身体平衡。

03 如果孩子能力不够，可以考虑缩短间隔距离，木桩也不要过高。

游 戏 规 则

老师　将多个木桩随机摆放或摆成S形，每个木桩间隔30厘米。

孩子　双脚并拢跳上木桩，站稳后，依次跳过场地内的每一个木桩，并且每个木桩只能经过一次。如果中途从木桩上掉下来，要重新开始游戏，直到跳过所有木桩。

游戏变化

老师可以在场地中随机扔几个沙包，让孩子在规划行进路线时，思考如何捡取更多的沙包，以锻炼孩子的思考能力。

鸡毛信

训练能力

平衡　走跑

要点提示

01 孩子在游戏中双臂自然打开，以帮助保持身体平衡。

02 老师要将平衡木固定在地面上，保证其不会晃动从而影响游戏的开展，可以在平衡木下方铺瑜伽垫，以保证孩子的安全。

游戏规则

老师　准备平衡木或长板凳，长度、宽度和高度可以根据实际情况来调整。

孩子　两人一组，分别站在平衡木的两端。起点的孩子走过平衡木，将手中的信件交给对面的孩子；接到信的孩子要拿着信件再通过平衡木回到起点，将信件交给老师。在游戏中，如果鸡毛信落地，则游戏重新开始。

游戏变化

老师可以在平衡木上设置障碍，让孩子在送信的过程中跨过这些障碍，看看哪组孩子最先完成游戏，老师记得要给先完成的孩子奖励哦。

平衡木

平衡　　走跑

要点提示

01 老师要将平衡木固定在地面上，保证其不会晃动从而影响游戏的开展，可以在地面铺瑜伽垫以保证孩子的安全。

02 孩子在游戏中要保持背部挺直，头部不动，双手握紧木棍，以帮助身体保持平衡。

03 头顶的书不宜过重或过轻，刚刚可以顶在头上不易掉即可。

游戏规则

老师　准备一个平衡木或长板凳，长度、宽度和高度可以根据实际情况来调整。

孩子　在头上顶一本书，手中拿着一根木棍走过平衡木。在游戏中要保证头上的书不掉落，手中的木棍也不能掉落，不然就要从头开始游戏。

游戏变化

老师可以放置多个有一定间距的平衡木，让孩子在每个平衡木前等待接力，每个孩子完成后将书和木棒给下一个孩子，直到所有孩子完成游戏。老师也可以把孩子分成多个队伍进行比赛。刚开始时，可以先不用头顶书本，以降低难度。

飞天扫帚

训练能力

敏捷　平衡　走跑　跳跃

背部挺直

💡 **要点提示**

01 孩子在游戏中要找到适合自己的方式握住或夹住扫帚，不能让扫帚掉落，也不要让自己感到不适。此外，背部挺直，挺胸抬头，这样可以使身体更加稳定。

02 老师应注意扫帚的光滑程度，以免毛刺扎伤孩子。

游戏规则

老师 准备与参与游戏人数相等的扫帚。

孩子 可以用单手握住扫帚，也可以双腿夹住扫帚前进至终点。然后将扫帚放在一边，左、右脚交替单脚跳回起点。

游戏变化

在前半段跑步的过程中，老师可以让孩子头顶一本较轻的书，孩子要保证书不掉下来，否则就要重新开始。这样可以很好地锻炼孩子的平衡能力。

晒香菇

双腿微屈

要点提示

01 两人尽量保持横向前进，这样两人都能观察周围环境的变化，以免被绊倒。

02 两人双手握住笸箩，用力抛的动作要保持一致，以保持笸箩的稳定。此外，孩子在游戏过程中要尽量保持双腿微屈。

03 老师要注意让孩子边走边上抛物品，不能只走不抛。中途掉落的，不要去捡回，以免发生踩伤。

游 戏 规 则

孩子 两人一队，每队拿一个笸箩，在笸箩中放一些具有一定重量的香菇模型。两人一边走动，一边将笸箩里的物品向上抛并接住，直至到达终点。游戏过程中尽量保证香菇不掉到地上，到达终点后把香菇倒在空箱子中，看看哪队保留的香菇更多。

游戏变化

老师可以在游戏场地中设置一些障碍物，让孩子在游戏过程中躲避，并且身体不能触碰到障碍物，以锻炼孩子的敏捷性和协作性。

托球前进

训练能力

敏捷　平衡　走跑　钻爬

1

2

手不能触球

要点提示

01 游戏中，孩子只能用单手握住球拍，另一侧手臂随着动作自然摆动，以帮助身体保持平衡。

02 老师在地上设置的障碍物不要有尖锐或很硬的物品，以免磕伤孩子。

03 障碍物不要过大、过高，防止孩子受伤。

游戏规则

老师　在起点放置一个用纸板制作的车轮箱，将乒乓球拍和乒乓球放置在距离车轮箱5米的地方，并在此处到终点间用易拉罐或小箱子布置一排障碍物。

孩子　钻进车轮箱，四肢爬行，随着老师的指令前进到乒乓球拍前，在球拍上放一个乒乓球，拿着球拍和球越过障碍物走到终点。如果乒乓球中途掉落，游戏重新开始。

游戏变化

如果孩子会打乒乓球，老师可以让他颠球前进，在前进过程中球不能落地，否则就重新开始游戏。这个游戏难度较大，老师一定要提醒孩子注意安全，不要被障碍物绊倒。

挑棍游戏

训练能力

专注

背部挺直

要点提示

01 老师可以让孩子在桌面上进行游戏，这样既干净又安全。老师要注意小棍的光滑程度，以免刺伤孩子，可以提前打磨小棍。

02 老师要提醒孩子先观察，决定要挑出的小棍后再进行游戏。

游戏规则

老师　将多根小棍随机摆放到地上，可以让小棍相互交叉。

孩子　两人一组，各拿一根小棍来把地上的小棍挑到自己一侧，在挑的过程中不能碰到其他小棍。如果别的小棍动了，就换另一个人进行游戏。将所有小棍都挑出后游戏结束，看看谁挑出的小棍多。

游戏变化

老师可以在游戏前带领孩子们给小棍涂色，赋予每个颜色不同的分数，让孩子在游戏中尽量挑出分值较高的小棍，这样能更好地锻炼孩子的思考能力。

玻璃弹珠

训练能力

观察

要点提示

01 老师提醒孩子弹的时候注意力度，不要过于用力，这样可能会弄伤手指或者伤到其他孩子。

02 如果孩子年龄较小，不能很好地控制自己的力度，老师可以将玻璃弹珠替换为塑料球。

03 注意限制游戏空间，不宜过大或过小。

游 戏 规 则

老师　给每个孩子发10颗不同颜色的玻璃弹珠。

孩子　在桌面上随意摆放玻璃弹珠，两个孩子互相将自己的玻璃弹珠弹向对方的玻璃弹珠。如果对方的玻璃弹珠被弹中，则对方的玻璃弹珠归自己所有。每人一次，轮流进行。若玻璃弹珠掉落到地上，则双方都不能获得玻璃弹珠。

游戏变化

老师可以为不同颜色的玻璃弹珠赋予不同的分数，游戏结束后让孩子将获得的玻璃弹珠的分数相加，算出总分，看看谁得分最高。

筷子功

训练能力

敏捷　走跑

要点提示

01 队员间要有一定间隔，以免磕碰受伤。

02 老师要控制好参与游戏的人数。

03 注意防止孩子在跑动过程中摔倒被筷子戳伤。

游 戏 规 则

老师　设置相距 5 米的起点和终点，在终点处放置一筐沙包。

孩子　第一个孩子手拿筷子从起点跑到终点处，夹起一个沙包跑回起点，放下沙包后将筷子交给第二个孩子；第二个孩子继续跑到终点夹取沙包。在夹取沙包的过程中，不能用另一只手帮忙固定沙包，并且沙包不能掉落，否则要重新开始游戏。

游戏变化

老师可以适当增加游戏难度，例如让两个孩子一起夹取沙包，用绳子将两个孩子的其中一只脚绑在一起，这样可以很好地锻炼孩子的平衡性和团队协作能力。

抽陀螺

训练能力

敏捷　走跑

要点提示

01 孩子抽打陀螺时，要让绳子充分伸展，顺着陀螺旋转的方向挥动手臂。要注意自己和周围孩子的安全，防止被绳子打伤。

02 老师要尽量选择较大的游戏场地，并控制参与游戏的人数，以保证孩子的安全。

游戏规则

孩子 将绳子的一端缠绕在陀螺上，缠1～2圈即可。一只手轻扶住陀螺的顶部，另一只手迅速向后拉绳子，让陀螺转起来。展开绳子后用绳子抽打陀螺底部，使陀螺保持旋转，每隔3秒左右抽打一次。可以分组进行比赛，看看谁的陀螺转的时间更长、转得更快。

游戏变化

在孩子能够熟练抽打陀螺并且可以让陀螺稳定旋转一段时间后，老师可以让孩子换另一只手进行游戏，以锻炼孩子的协调性。

滚铁环

训练能力

敏捷　平衡　走跑

游 戏 规 则

老师　用一根较长的铁钩或者在木棍一头安装一段弯曲成 V 字形的铁丝，使其可以固定铁环，根据孩子的情况选择合适的铁环。

孩子　一只手握住铁钩的把柄，用铁钩套住铁环，然后向前推。推的时候要控制好铁环移动的方向和速度，匀速前进，路线尽可能保持直线。

要点提示

01　老师要保证场地内没有碎石或杂物，以防孩子摔倒受伤。

02　孩子在滚铁环时要注意控制铁环，逐步练习，不要急于求成。

03　孩子在游戏中要保持背部挺直，不要含胸驼背。

04　注意规定好行进路线并控制前进速度，防止孩子撞伤。

游戏变化

老师可以让孩子自由分组，进行接力比赛；也可以让孩子尝试控制铁环的移动方向，然后在路线上放置一些障碍物，让孩子绕过障碍物进行比赛，看看谁的速度快。

小动物吃零食

训练能力

敏捷

背部挺直

游 戏 规 则

孩子　在小箱子上画上自己喜欢的小动物，例如小熊、小象等，充分发挥自己的想象力。然后站在距离箱子 2 米外的位置，用球棒击打小球，将小球击入箱子中。在击打小球时，一只手握住球棒尾部，另一只手握住中部，用球棒的头部击球。

要点提示

01　孩子在击球时要保持背部挺直，身体侧向站立，方便控制击球的力度，以免受伤。

02　老师要控制孩子间的距离，留出挥动球棒的范围，以免孩子被球棒击伤。

03　教导孩子控制击球的力度。

游戏变化

老师可以给游戏适当加入故事情节，根据不同的动物编儿歌，要求唱到某一句时进行击球，以增加游戏的乐趣。此外，老师可以根据孩子的实际情况控制球与箱子的距离，调整游戏难度。

控球绕行

训练能力

走跑　综合

要点提示

01 孩子在游戏中应保持背部挺直，手臂发力，用小木棍轻轻推动球，这样可以增强控球能力，防止因追球而导致重心不稳摔倒。

02 孩子在推球时力度要轻，速度要缓，以免碰伤其他孩子。

03 注意控制速度，防止孩子踩到球摔倒。

04 多个队伍同时游戏时，要充分拉开队伍间的距离。

游 戏 规 则

老师 设置起点和终点，并分别放置一个锥筒。

孩子 随机分成两队，用小木棍推球向前走，要边走边控制球的方向与速度；然后绕过锥筒返回起点，将小木棍和球交给下一个孩子，看看哪队的孩子可以最先完成游戏。

游戏变化

老师可以在游戏中适当加入障碍物，例如放置垫子、限高杆等，让孩子躲避障碍物，以增加游戏难度。这样能锻炼孩子的敏捷性和对球的控制力；也可以用扫帚控球，以降低游戏难度。

小推车

训练能力

走跑　力量

要点提示

01 老师要控制障碍物间的距离，保证可以让小推车正常通行。

02 老师可以增加货物的数量，但不要太重，以免孩子控制不了小车。

03 老师要帮助孩子选择与他们的身高和年龄适配的独轮车，使孩子比较容易控制。

游戏规则

老师 在路上设置若干个障碍物。

孩子 两人一队，一人将小推车从起点推向终点，过程中不能触碰到任何障碍物。在终点等待的孩子将货物装在小推车上，两人再一同将车推回起点。若路上有货物掉下，必须停车，重新装载货物后才能继续前进。

游戏变化

老师可以让两个队伍比赛，并且在比赛时让对手来设置障碍物的位置，让孩子想办法给对手制造麻烦，减慢对手行进的速度，这样可以很好地锻炼孩子的思考能力。

独轮车运货物

训练能力

力量　走跑

要点提示

01　孩子在游戏中保持背部挺直，上半身稍微前倾，利用手臂发力推车。

02　老师要选择与孩子的身高和年龄适配的独轮车，这样能让孩子比较容易地控制独轮车。

03　老师应提醒孩子注意保持平衡，努力控制独轮车的方向和速度，以免被车带倒。

游 戏 规 则

老师　在空地上给孩子画出移动路线，并在合适的位置设置装货点和卸货点。

孩子　双手推独轮车到装货点装沙包，然后继续推独轮车前进，到达卸货点将沙包放在盒子中。重复游戏，直到游戏时间结束。游戏中要尽量保证沙包不掉落，不能捡起掉落的沙包。

游戏变化

老师可以在游戏的路线上设置一些障碍，也可以将路线设置成S形，以提高游戏的难度，锻炼孩子的平衡性；还可以设置装货员和卸货员，帮助装卸沙包，并交换角色进行游戏。

套圈

训练能力

投掷

要点提示

01 孩子在游戏中应保持身体挺直，注意身体姿势，单手拿圈向锥筒投出，要有一定的弧度，这样套中的机会更高。

02 老师应根据孩子的实际情况控制投掷距离，这样能适当增强孩子的自信心，也能避免孩子被圈砸到受伤。

03 让孩子按照顺序依次套圈，防止发生不必要的争执。

04 投塑料圈时不要过度探身，可以规定必须双脚站立投圈，以免摔倒。

游戏规则

老师　在空地中画出不同直径的同心圆，在圆上放置若干锥筒，给每个孩子分发5个塑料圈。

孩子　站在圈外2米处，投塑料圈去套锥筒。越靠近圆心的锥筒分数越高，越靠近外侧的锥筒分数越低。可以进行比赛，看看谁的得分最高。

游戏变化

老师可以根据孩子喜欢的物品准备奖品，根据不同的分数设定不同的奖品，让孩子通过自己的努力来兑换奖品，以增加孩子的成就感。

定点掷沙包

训练能力

敏捷　投掷

要点提示

01 老师应注意孩子间的间隔，给投掷沙包留出挥臂的空间，投掷要依次进行。

02 老师可以让孩子用毛绒玩具来进行投掷，以免砸伤其他孩子。

03 注意控制投掷力度，不要过度用力。

游戏规则

老师　在距孩子2米处放置一个呼啦圈，然后发出口令。

孩子　每个孩子拿一个沙包在原地蹲下，保持双腿并拢，背部保持挺直。听到口令后，起身向呼啦圈投掷沙包，再听从口令跑去拿回沙包。

游戏变化

老师可以给游戏适当加入故事情节，让孩子扮演饲养员，给各种小动物喂食物，以增强孩子对游戏的兴趣，锻炼孩子的思考能力。

沙包钻人圈

→ 双臂伸直

要点提示

01 手拿呼啦圈的孩子应将双臂伸直，尽量远离呼啦圈，并且保持呼啦圈的稳定，以免被沙包砸到。

02 老师应向孩子强调不能向有人的方向投掷沙包，并注意力度，应该选用材质较软的沙包或毛绒玩具投掷，注意孩子的安全。

游戏规则

孩子　三人一组，两人手持呼啦圈站在距离第三个孩子2米的位置，第三个孩子手拿沙包向呼啦圈投掷。投掷时双眼目视前方，单手发力挥臂，向圈内投掷。投进之后可以继续投掷，如果没投进要换另一人来投掷。

游戏变化

老师可以根据孩子的实际情况改变呼啦圈的大小和距离，以适当提高游戏难度；也可以在呼啦圈后放置盒子，如果沙包既通过呼啦圈又掉落在盒子中，就可以双倍得分。

动物大开口

💡 要点提示

01 孩子在游戏中应保持身体挺直，注意投掷的姿势，投掷时要有一定的弧度，这样投中的概率会更高。

02 老师可以根据孩子能力的强弱设置投掷距离的远近和箱子的大小，以适当增强孩子的自信心，防止孩子消极对待游戏。

游戏规则

老师　将画有小动物的箱子挂在墙壁上，将开口面向孩子。

孩子　依次拿起沙包，将沙包投入箱子内，可以自由组队，看看哪队投入的沙包更多。

游戏变化

老师可以将沙包换成动物喜欢吃的食物的玩具来进行游戏，并增加一些故事情节，这样可以增加游戏的趣味性。

稻草人

训练能力

投掷

背部挺直

要点提示

01 孩子在游戏中应该保持背部挺直，双脚自然开立，注意身体姿势，帮助保持稳定。

02 老师应根据孩子的实际情况选择装饰物和设置投掷的距离。

游 戏 规 则

老师　提前在空地上放置一个稻草人，并在稻草人身上挂一个篮子。准备稻草人的装饰物，如各种颜色的塑料球等。

孩子　站在2米外的地方将装饰物投掷到篮子中。如果投掷进去就可以将其装饰到稻草人身上，没有投掷进去就要重新排队进行游戏。

游戏变化

老师可以给稻草人装上轮子，拖动稻草人移动的同时让孩子进行投掷，以提高游戏难度，但要注意提醒孩子控制投掷的力度，以免受伤；也可以改变篮子的大小来调整游戏难度。

击中龙尾

训练能力

敏捷　投掷　走跑

要点提示

01 扮演龙身的孩子在游戏中要用双手扶住前方孩子的腰部，不能断开，以免重心不稳摔倒受伤。

02 老师要提醒拿龙头的孩子移动速度不要太快，以防后面的孩子跟不上导致摔倒。

03 注意提醒移动的孩子不要踩在场地中的沙包上，以防摔倒。

游戏规则

孩子分成两队，一队孩子依次双手扶住前方孩子的腰部，第一个孩子举龙头，中间的孩子扮演龙身，最后一个孩子扮演龙尾；另一队孩子分成两组，面对面站在"龙"的两侧，相距约5米，交替向龙尾的孩子扔沙包。"龙头"要带领其他孩子进行躲闪。如果龙尾的孩子被打中就要退出比赛，直到只剩下龙头一人，然后两队孩子互换角色。

游戏变化

可以规定哪些是击中的有效部位，如脚、腿、躯干等，以增加游戏的难度和趣味性。

小白兔反击战

训练能力

敏捷　　走跑　　投掷

要点提示

01 老师要提醒孩子注意扔沙包的力度，或者让孩子使用重量较轻的沙包，以保证孩子的安全。

02 孩子左右躲避时要注意脚下，以免被沙包绊倒受伤。

游 戏 规 则

老师　在空地上放置一些沙包。

孩子　分成两队，分别扮演小白兔和大灰狼。小白兔队的孩子按顺序跑到沙包处，拿起沙包投向 2 米外的大灰狼；大灰狼只能横向躲避，成功躲避 4 次后，可以加入小白兔队。如果被击中就要回到大灰狼队的队尾，直到大灰狼队全部被击中，两队互换角色继续游戏。

游戏变化

老师可以让两个扮演小白兔的孩子同时向扮演大灰狼的孩子投掷沙包。如果大灰狼成功躲避两次，就可以加入小白兔队。

粮食守卫者

训练能力

平衡　　投掷　　走跑

要点提示

01 通过限高圈时，老师要提醒孩子降低重心，低头通过，以防磕到头部。

02 老师要注意在所有障碍物旁都做好保护措施。

游戏规则

老师 设定一个距离起点10米的终点，并在终点放一个筐，在前进路线上分别设置限高圈、平衡桥、垫子等障碍。

孩子 手拿代表粮食的沙包，依次通过障碍物，在终点处将沙包投入筐中。如果没有投中，就要重新开始游戏。

游戏变化

老师可以在障碍物旁边放置几个沙包，孩子在通过障碍物时可以捡拾这些沙包，最后可以全部投入筐中；也可以将孩子分成小组进行比赛。

垒宝塔

1

2

3

游 戏 规 则

老师　准备好瑜伽垫、拱门、纸箱和沙包。根据孩子的实际情况规定好箱子的高度。

孩子　自由组成两队，用匍匐前进的方式爬过瑜伽垫，钻过前方的拱门后，拿起纸箱，跳过地上的障碍物，将纸箱放在目标圆圈内；下一个孩子继续，直到将箱子搭到一定高度。两队的每个孩子各拿一个沙包向纸箱内投掷，看看哪队投中的数量最多。投掷沙包时要一次性将沙包投入纸箱内，不能捡起继续投掷。

💡 要点提示

01　这个游戏的步骤较多，适合较大的孩子开展。

02　孩子在投掷沙包时，要与箱子保持一定距离，以防搭在一起的箱子倒塌被砸伤。

03　老师帮助孩子准备大小合适的箱子。

走小路、过小桥

训练能力

平衡　钻爬

背部挺直

四肢着地

💡 要点提示

01 孩子走过小路时，要与老师步伐一致，身体保持平衡，双脚控制在两条直线范围内；爬过小桥时，要背部挺直，眼睛看向前方，四肢着地，帮助身体保持稳定。

02 老师要照顾孩子的前进速度，最好旁边有另一位老师保护孩子的安全。

03 注意孩子间隔不要过小。

04 小桥的区域要用软垫覆盖，避免膝盖受伤。

游 戏 规 则

老师　在空地上分别画出宽40厘米左右的小路和宽60厘米左右的小桥，然后带领孩子进行游戏。

孩子　排成一排，跟着老师依次走过小路、爬过小桥。如果超过小路、小桥的边线即算出局，就要退出这局游戏。

游戏变化

当孩子的动作熟练后，老师可以将小路和小桥设置得更窄一些；也可以让孩子加快速度，但是要控制好孩子的间距。

青虫吃苹果

训练能力

敏捷　钻爬

要点提示

01 老师要注意孩子之间的距离，也要注意拱门的高度，以免孩子磕到头。

02 游戏可以在软垫上进行。孩子在爬行时，应四肢着地，背部保持挺直。

游戏规则

老师　在空地上设置好拱门，然后发出口令。

孩子　分成两组，一组扮演青虫，另一组扮演苹果。在场地内蹲下，扮演青虫的孩子听从老师的口令爬向苹果，而扮演苹果的孩子要尽快爬向拱门。当青虫拍到苹果时，苹果就要退出游戏，而苹果爬过拱门就安全了。

游戏变化

老师可以将真实的苹果作为奖品。扮演青虫的孩子拍到贴着苹果贴纸的孩子后，可以获得苹果贴纸。在游戏结束后，孩子用贴纸交换真的苹果。每个孩子交替扮演苹果和青虫。

小花猫偷鱼

训练能力

钻爬　　跳跃　　走跑

💡 要点提示

01 孩子在爬行时应保持四肢着地，背部挺直，眼睛看向前方，不要撞到前面的孩子，并按顺序进行游戏。

02 孩子跳过小凳子时老师要在旁边保护，并提醒孩子不要急于继续后面的游戏，等平稳落地后再跑动。

03 孩子在跳跃时要双脚同时起跳、同时落地，双臂自然摆动，以保持平衡。

游 戏 规 则

老师　在空地上画出行进路线，在路线中设置瑜伽垫、小凳子、拱门等道具，在终点放置多个小鱼玩具。

孩子　扮演小花猫，发出"喵喵喵"的叫声后出发，用四肢爬行的动作爬过瑜伽垫，用双脚跳跃的姿势跳过小凳子，再弯腰钻过拱门，到终点拿到小鱼玩具后从行进路线一侧跑回起点。

游戏变化

老师可以在游戏中让孩子模仿小花猫的动作，例如模仿小花猫警觉地观察四周，跳跃时轻盈地落地，这样能锻炼孩子的观察和模仿能力，并增强游戏的趣味性。

小火车钻山洞

训练能力

敏捷　钻爬

要点提示

01 孩子在扮演山洞时要尽量保持双臂伸过头顶，尤其是在小火车通过时，以免其他孩子磕到头部。

02 老师要提醒孩子与前面的人保持一定距离，以防撞到前面的孩子。

游戏规则

孩子　两个孩子面对面站立，双手相握并举起来扮演山洞；其他孩子扮演小火车，从山洞中依次钻过，并且不能触碰到山洞。钻出山洞后的孩子要迅速与下一个钻出山洞的孩子组合成新山洞，继续让扮演小火车的孩子通过。当最后一个孩子通过后，最开始扮演山洞的孩子变成小火车继续游戏。

游戏变化

老师可以让扮演山洞的孩子改变站立姿势，这样可以改变山洞的高度，扮演小火车的孩子需要以弯腰、下蹲、四肢爬行的动作前行。

熊宝宝找妈妈

训练能力

钻爬

四肢着地

💡 要点提示

01 孩子在爬行时不能摘下眼罩，但是要控制自身速度，不要着急，用较慢的速度爬行，以免受伤；同时注意不要磕伤膝盖。

02 老师可以在游戏过程中提醒孩子有无危险，提示孩子爬行的方向。

游 戏 规 则

老师 扮演熊妈妈，在距离孩子2米处敲鼓。

孩子 戴上眼罩，把老师准备好的纸板固定在双手上，戴上护膝扮演熊宝宝，跟随鼓声爬行。过程中保持背部挺直，四肢着地，直到找到熊妈妈。

游戏变化

在游戏中老师可以在爬行路线上设置障碍物，然后发出口令让孩子绕开障碍物。但要选用材质较软的物品作为障碍物，以免磕伤孩子。

小猫钓鱼

钻爬　综合

1

四肢着地

2

💡 **要点提示**

01 孩子在爬行中应保持四肢着地，背部挺直，注意身体协调。

02 老师要注意孩子间的间距，提醒孩子挥动鱼竿时注意不要打伤其他孩子。

03 游戏前，老师可以在孩子爬行的区域铺上软垫，防止磕伤。

游 戏 规 则

老师　在空地上放置一个圈，在圈外放一根鱼竿，在圈内放置多条小鱼模型，设置成池塘的样子，并在鱼竿和小鱼模型上粘上磁铁。

孩子　双手戴好模仿猫爪的手套，四肢着地爬行。当爬到圆圈标示的池塘边时，用一旁的鱼竿吊起圈内的小鱼，钓鱼时手不能直接触碰小鱼。

游戏变化

老师可以在孩子的爬行路线上设置一些障碍物，让孩子绕过障碍物爬行，从而增强孩子的灵活性和敏捷性。

穿越火线

要点提示

01 孩子在躲避绳子时，可以用任何姿势，但要注意保持身体平衡，以免摔倒。

02 老师要根据孩子的实际情况来设置绳子的空隙和铃铛个数，可以适当降低游戏难度，以免孩子受伤。

游戏规则

老师 在空地上放置几根木柱，在木柱之间系上长绳，在绳子上拴上铃铛。

孩子 找到绳子之间的空隙，从一边穿过绳子到达另一边，保持身体平衡，并且保证不碰触到绳子，不能使铃铛响动。如果铃铛响起则要重新开始游戏。

游戏变化

老师可以让孩子自由组队进行比赛，看看哪队用时最短；还可以让孩子互相讨论游戏技巧，这能够锻炼孩子的沟通能力。

海豹顶球

平衡　钻爬

背部挺直

要点提示

01 老师在布置场地时，可以在地面铺上瑜伽垫，以防孩子磕伤；也可以在路线两边设置保护措施，既能规定路线也能保证孩子的安全。

02 老师应注意孩子在游戏中的姿势，孩子应保持背部挺直，双手不能离开地面。

03 可以选择较大的球，方便孩子推球前进。

游戏规则

老师　在场地两侧布置赛道，形成一条周围有保护的小路，在终点处放置球门。

孩子　四肢着地，背部保持挺直，以爬行的姿势用头顶着皮球沿着小路前进，最后将球顶进球门，完成游戏。在顶球前进时，双手不能推球，只可以用手摆正球的方向。

游戏变化

老师可以在游戏赛道中布置障碍，让孩子想办法越过障碍将球顶至终点。障碍物的体积要小，让孩子可以顺利前进。

采蘑菇

训练能力

平衡　钻爬

游 戏 规 则

老师　在空地上铺上瑜伽垫，并且在瑜伽垫的终点放置带有蘑菇标志的箱子，在箱子内随机放几种不同品种的蘑菇（如香菇、平菇、金针菇等）的卡片，向孩子发出口令。

孩子　四肢爬行通过瑜伽垫后，按照口令找到对应品种蘑菇的卡片，再带着卡片爬回起点。

要点提示

01　孩子在爬行通过瑜伽垫时，应保持四肢着地、背部挺直的姿势。

02　老师要注意孩子之间的距离，不要离得过近。

游戏变化

老师可以在路线上适当增加障碍物，要求孩子越过障碍物前进。在孩子拿到卡片后，老师也可以让孩子用倒退爬行的方式回到起点。

胡萝卜丰收

训练能力

平衡　钻爬

要点提示

01 孩子在爬行时，应四肢着地，保持背部挺直。

02 孩子的身体不可以触碰拱门。

03 一次只能让一个孩子通过拱门，老师要给孩子提出行动指令，以免混乱。

游戏规则

老师　根据孩子的身高准备拱门，拱门后边放数个胡萝卜玩具。

孩子　扮演小兔子，在瑜伽垫上爬行，通过拱门后拿取胡萝卜；再从原路线爬回起点。

游戏变化

根据实际情况和孩子的能力，老师可以将瑜伽垫设置得窄一些，将拱门设置得低一些，以锻炼孩子的敏捷性。

破茧成蝶

训练能力

力量　钻爬

①

双手着地

②

💡 要点提示

01 孩子在爬行时，应双手着地，背部保持挺直，帮助身体保持平衡。

02 老师在布置场地时，可以在地面铺上瑜伽垫，以防孩子磕伤。

03 老师要及时纠正孩子的动作，以免错误的动作导致孩子肌肉拉伤。

04 注意控制游戏人数。

游戏规则

老师　在空地上放一些纱巾当作树叶，然后在合适的时间发出口令。

孩子　扮演毛毛虫，用双手支撑上半身，模仿毛毛虫的爬行动作，在地面爬行，收集场地内的纱巾。听到口令后，在原地蹲下，缩紧身体，表现出蛹的形状，然后原地站起挥动双手，模仿蝴蝶起舞。

游戏变化

老师可以将纱巾藏在几个小盒子里，让孩子找寻搜集，以增加游戏乐趣，提高孩子的应变能力。

小青蛙抓害虫

训练能力

敏捷　钻爬　跳跃

1 背部挺直

2 双臂自然摆动

要点提示

01 孩子在爬行时应四肢着地，保持背部挺直，帮助身体保持稳定。

02 孩子在蛙跳时双臂应自然摆动，帮助保持身体平衡；双脚微屈，同时起跳、同时落地。

03 注意控制孩子间的距离，防止受伤。

游戏规则

孩子　先采用四肢着地的姿势爬过竹笼。爬出竹笼后，用蛙跳的姿势依次跳到呼啦圈内，模仿捉害虫的动作。注意蛙跳时不能触碰呼啦圈，不然就要退出游戏。跳过所有呼啦圈后，从一旁快速跑回起点。

游戏变化

老师可以在呼啦圈外侧放置多个沙包当作害虫，让孩子捡两个沙包后跳到终点，以增加游戏的趣味性。

送给小狗礼物

训练能力

钻爬　投掷

1

背部挺直

2

双脚同时起跳

要点提示

01 孩子在垫子上爬行时，要四肢着地，背部挺直，不要含胸，这样可以让身体更加稳定。

02 孩子在跳跃时要双脚同时起跳、同时落地，并且不能触碰呼啦圈，以免被绊倒。

游戏规则

老师 在空地放置一排垫子，在垫子的终点处放置一些骨头造型玩具或卡片；在垫子终点另一边放置一排呼啦圈，可以摆成S形，并在呼啦圈终点放置一个盒子当作小狗的家。

孩子 依次爬过垫子拿取骨头造型玩具或卡片，然后用双脚跳的动作跳过呼啦圈，将玩具或卡片放到小狗的家里。

游戏变化

在孩子能够顺利完成游戏后，老师可以让孩子采用单脚跳，双脚跳，单双脚交替跳的方式跳过呼啦圈。

奔跑吧！特种队员

训练能力

平衡　　走跑　　钻爬

要点提示

01 孩子在游戏中，要始终保持背部挺直，挺胸抬头，帮助身体保持平衡。

02 老师可以提前教孩子滚铁环的技巧，让孩子找到自己习惯的方式，以免摔倒受伤。

03 老师要注意固定好轮胎。

游戏规则

老师　在空地上设置轮胎路，然后将立起的轮胎作为障碍，在后面设置滚铁环的路线。

孩子　排成若干队，依次通过轮胎路，再从轮胎中央钻过，然后滚铁环跑向终点。

游戏变化

老师可以让孩子自由组队，在游戏中手拿接力棒，完成游戏后返回起点，将接力棒交给下一个孩子，并且接力棒不能掉落，直到所有人完成接力；也可以将轮胎换成其他方便孩子爬行通过的障碍物，如呼啦圈。

乡间小路

训练能力

敏捷　跳跃

要点提示

01 老师要提醒孩子在跳跃时要注意脚下的秸秆，不要被绊倒。

02 孩子在游戏中应保持背部挺直，身体不要前倾，以免重心不稳导致摔倒。

03 秸秆要绑成小捆，有一定的重量，才能稳定地放置。

游戏规则

孩子 自由组队，每个队伍将秸秆摆成不同的路线，可以间隔放置，也可以用头尾相连的方式摆成Z字形，然后按照秸秆的路线跳跃，直到跳到终点。游戏中双脚不能触碰到秸秆，不然会失去本轮游戏资格。

游戏变化

孩子在跳跃前进时可以根据路线的不同来改变跳跃姿势，但要注意安全。老师也要鼓励孩子摆出更多的形状，充分发挥想象力和创造力；也可以分组比赛，由孩子自行设置另一队伍的行进路线。

神奇的木杆

训练能力

平衡　敏捷　跳跃　综合

1

2

要点提示

01 孩子在游戏中背部应保持挺直，双臂自然摆动，以帮助身体保持平衡。

02 孩子后脚脚尖对着前脚脚跟沿直线行走时，速度不要太快，以免被绊倒。

03 开合跳时老师要注意孩子之间的配合，可以让孩子提前练习动作，以防失误受伤。

04 保护孩子不要被木杆绊倒。

游 戏 规 则

老师　在地上画一条直线，在终点处摆放两个箱子，并在上面放一根木杆。

孩子　双手拿着木杆，双脚呈一条直线，后脚脚尖对着前脚脚跟沿直线行走，到达终点后，跳过箱子上的木杆。最后，两个孩子双手各拿两根木杆的一端下蹲，另一个孩子站在两根木杆的中间，根据一开一合的顺序进行开合跳，两边的孩子也要同时配合双臂分开、双臂并拢。

游戏变化

老师可以根据孩子的实际情况，在场地内多安排几根木杆，让孩子连续跳跃或钻过；或者调整木杆的高度，以增加孩子跳过或钻过木杆的难度。孩子们要进行分组，可以多组同时进行游戏，要轮流体验不同的位置。

踢沙包

训练能力

敏捷　平衡

❶

用脚背或脚内侧踢

❷

🔆 要点提示

01 孩子在游戏中不能用手臂触碰沙包，并且不要太用力地踢沙包，以免受伤。

02 孩子可以用脚背或脚内侧踢沙包，应找到习惯的位置，以防脚腕扭伤。

03 不要过度用力踢沙包，防止沙包砸向自己。

游 戏 规 则

孩子　沙包上系一根绳子，手拿着绳子的一端，用脚向上踢沙包，并且努力让自己在较小的范围内移动。熟悉动作后，可以将绳子去掉，两个孩子为一组，互相用脚传递沙包。

游戏变化

等孩子可以连续踢沙包后，老师可以让孩子两只脚交替踢沙包；也可以分组进行比赛，看哪组在规定时间内踢沙包的次数最多。

夹沙包跳格子

跳跃

要点提示

01 老师应使孩子们保持安全距离，避免互相发生碰撞。

02 孩子应注意身体姿势，保持身体平衡。

03 格子大小适中，方便孩子连续进行跳跃。

游戏规则

老师　在空地上画一排格子，并放置一个沙包。

孩子　用双脚夹起沙包从第一个格子跳入第二个格子，直到跳完所有格子。要保证游戏过程中沙包不掉落且不能跳出格子，否则重新开始游戏。

游戏变化

老师可以让孩子夹着沙包向前跳，每人有 3 次机会。如果第一次就跳到第三个格子，那么就从第三个格子继续游戏，以此类推，看看谁跳得最远。注意安全，以免摔伤。

夹沙包跳跃

敏捷　　跳跃

背部挺直

目标区

要点提示

01 老师要注意控制孩子间的距离，不要拥挤，以免孩子受伤。

02 孩子在游戏中应保持背部挺直，注意身体姿势，双臂自然打开或背在身后，帮助身体保持平衡。

03 孩子需掌握用脚甩沙包的方法，防止摔倒。

游 戏 规 则

老师　将绳子或木棒按折线摆放在空地上，在距离木棒终点1米左右的位置设置目标区。

孩子　双腿夹住沙包，从折线的左右两侧交替跳跃前进，最后用双脚夹起沙包甩入目标区。游戏中双脚不能触碰折线，不然就要重新开始游戏。

游戏变化

老师可以在游戏中让孩子给对手摆放折线，鼓励孩子摆出更多的形状，充分发挥孩子的想象力和创造力。孩子可以先做用脚甩沙包的练习，掌握动作要领后再进行游戏。

夹沙包行进

训练能力

平衡　敏捷　跳跃　投掷　走跑

①

②

背部挺直

③

游戏规则

老师　在空地上设置相距10米的起点和终点，在距终点2米远的位置设置一个篮筐。

孩子　双脚夹沙包向前甩，然后用单脚跳跃的方式跳到沙包处，双脚夹起沙包，再次向前甩。如此前进，直到在终点线前拿起沙包投向篮筐。投中后跑步返回起点，与第二个孩子击掌，由第二个孩子进行游戏。投掷沙包时需要一次将沙包投入篮筐中，不然就需要重新开始游戏。

要点提示

01　孩子在游戏中要保持背部挺直，注意身体姿势，以免摔倒受伤。

02　孩子在用双脚夹沙包向前甩时，膝盖应微屈，双脚同时起跳，控制好力度，以防砸伤别人或自己。

03　可以根据情况缩短篮筐与终点的距离。

躲避玉米芯

训练能力

跳跃　投掷

① 背部挺直

②

要点提示

01 孩子在游戏中应保持背部挺直，挺胸抬头，手臂自然垂于身体两侧，这样可以帮助身体保持平衡。

02 虽然玉米芯较为安全，但老师仍要提醒孩子不能向其他孩子做出扔、砸等动作。

游 戏 规 则

老师 准备一些玉米芯，将它们在空地上排成一列，并设置起点、中间点、终点。

孩子 双脚分开放于玉米芯两侧，沿玉米芯跳跃前进，并且不能触碰到玉米芯，不然就要重新开始。到达中间点，将一个玉米芯夹在双腿之间，沿排好的玉米芯跳跃前进到终点。最后向前扔出玉米芯，看看谁扔得更远。

游戏变化

老师可以将玉米芯摆成曲线，让孩子沿曲线跳跃，并且不能碰到玉米芯，不然就要重新开始，这样可以提高游戏的难度。

搭桥过河

训练能力

力量　综合

要点提示

01 孩子在搭建小桥时要注意小桥的结构，搭建的小桥要经过老师检查确认。

02 老师应该在周围保护孩子，以免孩子在通过小桥时出现危险。

游戏规则

老师　提前在场地内准备好拱桥等道具。

孩子　自由分为两队，在规定的时间内用拱桥搭成多个桥洞的小桥。由老师检查小桥的结构，然后依次排队走过小桥。

游戏变化

老师可以提前给孩子讲解如何搭建小桥，鼓励孩子建造出不同结构的小桥，让孩子在游戏中学到知识。

舞龙、舞狮

训练能力

敏捷　走跑　综合

1

舞龙规则

老师 站在队伍的最前面，举起彩球，根据音乐调整彩球的高低。

孩子 和老师一起制作龙形的道具，并将其用木棍连接。站在老师身后排成一排，举起龙头和龙身，根据彩球的高低位置，变化龙头和龙身的高低位置，使龙舞动起来。

2

舞狮规则

老师 站在队伍的最前面，举起绣球，根据音乐调整绣球的高低位置。

孩子 排成一排，分别站在狮子的头、身位置，举起狮子。第一个孩子根据绣球的高低位置，舞动狮头，后面的孩子根据前一个孩子的变化舞动狮身。

游戏变化

老师可以对游戏形式适当进行变化，例如让多个队伍进行比赛。孩子可以给喜欢的队伍加油，帮助他们喊口令，控制节奏，以增强游戏的趣味性和竞技性。老师记得要给获胜的队伍奖励哦。

要点提示

01 孩子在游戏中要保持背部挺直，注意身体姿势，与其他孩子保持默契，这样可以防止摔倒受伤。

02 老师要注意控制孩子间的距离，让孩子不要拥挤，以免孩子绊倒受伤。

03 龙身和狮身不宜过重，防止孩子受伤。

小小驾驶员

训练能力

敏捷　　走跑　　综合

背部挺直

纸箱不能掉落

💡 要点提示

01 孩子在游戏中要保持背部挺直，注意身体姿势，这样可以让身体更加稳定，防止摔倒受伤。

02 老师要提醒孩子在游戏中注意安全，并保证孩子间有一定的距离，出现摔倒、磕碰等情况时要立刻停止游戏。

03 选择大小合适的纸箱，不要影响孩子的前进。

游 戏 规 则

老师　准备好大小合适的纸箱，在场地内设置车站、轨道、山洞、障碍物等，发出"减速""加速""进站""钻山洞"等口令。

孩子　将纸箱套在自己身上，排成一排扮演火车，根据口令前进，到达终点。游戏中要保证箱子不掉落，不然就要退出本局游戏。

游戏变化

老师设置障碍时可以根据孩子的实际情况来提高或降低难度，中间可以增加扔沙包、跳跃、蹲着走等环节。